KB140189

왜 빌라는 애물단지 주거지가 되었나?

저층주거지 다세대/다가구
주택 하자 위험평가

저자 장윤정은 서울시립대학교 도시과학연구원
학술연구 교수로 재직 중이다.

이 저서는 2023년 대한민국 교육부와 한국연구재단의 지원을 받아 수행된 연구임
(NRF—2023S1A5B5A16078223)

왜 빌라는 애물단지 주거지가 되었나?

장윤정 지음

저층주거지 다세대/다가구
주택 하자 위험평가

미래지향적인 주거환경의 개선을 향해

강현도
일본 나고야대학 도시환경학 박사과정

사람이 기초적인 생활을 영위하는 데 필요한 세 가지 요소는 의식주(衣食住)로 더 효율적인 경제활동과 사회적 상호작용을 위해 모여 살면서 도시가 형성되었다. 도시는 이러한 집적을 통해 생활의 향상을 이루어냈지만, 도시의 공간은 한정되어 있기 때문에 시민들이 높은 주거비용을 지불하거나 열악한 주거환경을 감당해야 하는 문제에 놓이게 된다. 수도권을 비롯한 우리나라의 대도시들은 급격한 인구 집중으로 인해 주택을 아무리 건설해도 늘 부족했으며, 짧은 기간에 양적 공급을 해소하려 노력하는 과정에서 질적인 주거환경은 희생되어 왔다. 이렇게 형성된 거대한 건조물들의 집합은 마치 집 안의 물건 배치를 바꾸듯 쉽게 변화시킬 수 있는 것이 아니다. 오히려, 인위적인 노력이 뒷받침되지 않으면 경제성장이 무색하게도 시간의 변화에 따라 노후화가 누적되기 쉬우며, 열악해지는 주거환경은 취약한 계층에게 노출되기 쉽고 장기적으로 사회·경제적 지속가능성에도 악영향을 끼칠 수 있다. 그러므로 도시계획은 주거환경의 질을 개선하기 위해 적극적으로 노력하고 취약한 주거지역에 관심을 기울임으로써 시민들의 삶의 질을 개선할 뿐만 아니라 지속가능한 도시로 나아갈 수 있다.

이러한 관점에서 저자 장윤정 박사는 서울시립대학교 도시과학연구원 학술연구 교수로서 오랜 연구와 경험을 바탕으로, 도시주거환경에 대한 시야를 넓혀줄 수 있는 책 『왜 빌라는 애물단지 주거지가 되었나?』를 집필하였다. 이 책은 우리나라 도시에서 취약한 주거환경으로 대표되는 저층주거지 다세대/다가구 주택, 흔히 '빌라'로 대표되는 주거지에 초점을 두고 있다. 저자는 사회와 제도의 변화를 거쳐 지금의 저층주거지를 형성하게 된 과정을 상세히 설명하여 저층주거지의 개념을 이해하기 쉽게 소개하고 있다. 특히 지금의 저층주거지가 형성된 배경을 "주택공급 활성화를 위해 정주 공간의 질을 희생시켜 온 규제 완화의 역사"로 설명하고 있다. 이러한 현황 이해를 토대로, 저자는 향후 주거환경의 향상을 위해 물리적 · 비물리적 환경의 향상뿐만 아니라 주택하자 관리 측면에서의 가능성을 보여주고 있다. 특히 주택하자를 평가하고 관리하는 지표 및 제도의 보완, 더 나아가 다양한 스마트시티 기술을 주택하자 관리에 접목할 수 있는 방법을 소개하고 있다. 이 책에서 이야기하는 하자 관리 기술은 신축 아파트단지에 한정되지 않으며 지속적으로 입주와 거래가 일어나는 저층주거지에도 보편적으로 활용될 수 있다는 점에서 지속가능한 주거환경을 만들어가는 데 큰 의미를 가질 것으로 여겨진다.

　서평자는 학 · 석사과정을 재학하는 동안, 이 책에서도 소개되고 있는 실증연구를 포함하여 저자와 함께 공동연구들을 진행하였으며, 학생연구원으로서 주거환경에 대해 큰 배움을 얻을 수 있었다. 서평자는 연구의 일부에 참여하였을 뿐이지만, 주거환경에 대한 저자의 연구는 주거환경에 대한 이해에서 나아가 미래지향적인 주거환경 개선의 방향을 제시할 것으로 믿는다. 이러한 점에서 이 책은 도시계획의 연구와 실무에 종사하는 분들께 유용할 뿐만 아니라, 도시의 주거환경을 몸소 경험하고 있는 모든 분들께도 이 책을 적극적으로 추천한다. 아울러 정책과 제도의 수립, 기업 활동, 그리고 실생활의 단계에서 주거환경을 경험하는 독자들에게 다양한 아이디어를 불러일으킬 것으로 기대하는 바이다.

목차

제1장
저층주거지의 빌라는 왜 애물단지가 되었나?

제2장
빌라가 입지한 저층주거지의 공간분포와 특성

제3장
저층주거지 공간변형과 주거하자 유형

제4장
저층주거지, 애물단지에서 보물단지로

제1장

저층주거지의 빌라는
왜 애물단지가 되었나?

빌라(villa)는 본래 고대 로마 상류층의 교외 주택을 의미한다. 우리나라에서 빌라는 공동주택이나 연립주택이라는 뜻으로 통한다. 영어 사전을 찾아보면 빌라는 휴가용 주택이나 별장이다. 한국에 빌라라는 명칭이 도입된 과정은 명확하지 않지만(차학봉, 2023), 이러한 고급스러운 빌라는 서울의 일부 부촌인 한남동, 평창동, 청담동 등에는 있다.

하지만 언제부터인가 한국에서의 빌라는 고급 주거지라는 이미지가 아닌 아파트로 가기 위한 전 단계 주거 형태, 일종의 서민을 위한 주거 사다리로 여겨지고 있다. 또한 최근에 주택경기 악화와 더불어 빌라는 애물단지 또는 싸구려 주택이라는 이미지로 각인되어 내 집 마련 준비자에게 기피 대상으로 전락하였다.

하지만 한때 일부 지역의 빌라는 투자 상품으로서 주목받던 때도 있었다. 주로 재개발 대상 지역의 노후 빌라들과 천정부지로 오른 아파트 가격에 대한 대안으로서 빌라에 대한 수요로 이어졌기 때문이나. 최근에는 건축비 상승으로 재개발사업의 사업성이 떨어져 시장이 점점 침체하고 있고, 전세 사기로 떠들썩했던 빌라 시장은 합리적인 시세 파악도 어려워 말 그대로 애물단지 주택이 되어버린 지 오래다.

다세대·다가구 소위 말하는 빌라가 밀집한 저층주거지는 점점 더 사람들에게 낮은 주거환경의 질로 대변되는 열악한 빌라촌으로 되어가는 실정이다. 저밀도 정주 여건과 지역의 커뮤니티가 갖추어져야 할 살기 좋은 저층주거지가 어쩌다 이런 애물단지가 되었을까?

본서에서는 저층주거지가 안고 있는 이러한 문제를 저층주거지의 공간변형과 주택하자라는 관점에서 문제를 풀어나가고자 한다.

이를 위해 첫째, 저층주거지의 개념 정의와 공간적 분포 특성을 살펴보고, 둘째, 저층주거지의 공간적 변형 양상을 시대적으로 살펴보고 저층주거지 특성을 반영한 주택하자 유형을 파악하고자 한다. 마지막으로 세 번째 장에서는 애물단지로 전락한 저층주거지 관리를 위해 해결해야 할 사항들을 언급하고 매력적인 정주 여건으로 변모하기 위한 해결책들을 찾아보고자 한다.

제2장

빌라가 입지한 저층주거지의
공간분포와 특성

제1절 저층주거지의 개념 및 주택 특성

1. 저층주거지의 주택유형 분류

1) 저층주거지의 개념적 정의

저층주거지는 주로 자연적으로 형성되거나 민간 혹은 공공에 의해 시행되었던 각종 주택건설사업, 도시계획사업 등으로 조성되었다. 과거 도시계획사업에는 토지구획정리사업이나 「도시계획법」을 근거로 하는 일단의 주택지 조성 사업과 같은 대단위 사업이 있었다. 현재 도시계획사업에는 「도시개발법」에 의한 도시개발사업과 「택지개발촉진법」에 의한 택지개발사업이 있다. 과거 토지구획정리사업과 일단의 주택지 조성사업은 도시개발사업으로 통합되었다(맹다미 외, 2016).

1934년 처음 실시된 토지구획정리사업을 통해 주거지 개발이 본격적으로 시삭되었는데 이때의 개발은 개별획지와 가구의 설계 방법이 미숙하여 많은 문제를 야기하였다. 1945년 해방과 1950년 대의 한국전쟁을 겪으면서 대량의 주택이 필요하게 되었고 이에 따라 전국적으로 임시주택 또는 구호주택의 이름으로 건설되었다.

1960년대 주택지의 조성은 일반적으로 단독주택을 위주로 개발 되었고 부분적으로 단지계획 기법이 적용되고 개발규모도 확대되었 다(배웅규 외, 2011). 토지구획정리사업은 서울의 경우 62개 사업지구가 추진되어 현재의 저층주거지 기반을 마련하였다. 도시계획사업이 아닌 주택건설사업에 의해 조성된 저층주거지 중 1950년대와 1960 년대 초에 형성된 각종 공영주택단지는 근거법 없이 중앙정부의 지 원과 서울시 자금으로 사업이 추진되었다(맹다미 외, 2016).

1980년대 들어와서 서울시의 주택가격 상승과 택지 부족으로 인해 수도권 지역의 신도시 개발이 본격적으로 시작되었고 신도시 뿐만 아니라 도심지역에서도 대량으로 고층 · 고밀 아파트 개발이 진행되었다. 1984년과 1990년에는 각각 다세대 · 다가구주택에 대 한 건축기준이 마련되었으며 이에 본격적으로 단독주택지 내에 다 세대 · 다가구주택이 양적으로 증가하게 되었다. 하지만, 다세대 · 다가구주택은 영세필지에 최대의 건폐율과 용적률을 확보하여 과 밀화함으로써 기반시설 부족, 주차공간 부족, 일조 · 통풍, 방범 취 약성 등의 문제점들이 발생하면서 저층주거지에 대한 인식은 점차

부정적으로 변화하였다(배웅규 외, 2011).

저층주거지의 특징은 공동주택의 대규모 개발에 반해 필지가 세분되어 있으며, 개별적인 건축이 이루어짐에 따라 골목길이 보존되어 있고, 대규모 공동주택 개발의 단점인 도시공간의 단절이 이루어지지 않았다는 것이다. 이로 인해 특정 커뮤니티 시설에서가 아닌 가로에서 자연스러운 커뮤니티 활동이 이루어지며, 4층 이하의 높이로 인해 위압감을 주는 아파트와 달리 휴먼스케일의 편안함을 느낄 수 있고 자연경관을 보존할 수 있다는 장점도 있다. 그러나 개별적으로 개발이 이루어지기 때문에 기반시설을 공공에서 부담하게 되나, 일반적으로 공공의 지원이 부족하여 공동주택에 비해 열악한 기반시설 여건을 가진다(배웅규 외, 2011).

2) 저층주거지 주택유형 분류

주택이란 가구가 독립적으로 살림을 할 수 있도록 지어진 집으로 한국의 대표적 공공주택 공급기관인 한국토지주택공사에서 주택은 다음 세 가지 요건을 갖춰야 한다고 했다. 첫째, 영구 또는 준영구 건물, 둘째, 부엌과 한 개 이상의 방을 갖추고 있으며, 셋째, 다른 가구의 주거 부분을 통하지 않는 독립된 출입구를 가진 것을 주택으로 정의하였다(국토교통부, 2024).

아파트는 한 건물 내에 여러 가구가 거주할 수 있도록 건축된 5층 이상 영구건물로서 구조적으로 한 가구씩 독립하여 살 수 있도록 건축된 공동주택이다. 또한 4층 이하라도 아파트로 허가받은 건물과 주상 복합 아파트는 아파트에 해당한다. 연립주택은 한 건물 내에 여러 가구가 살 수 있도록 건축된 4층 이하의 공동주택으로 건축 당시 다세대주택으로 허가받은 주택으로 동당 건물 연면적이 $660\,m^2$(200평) 이하인 경우를 말하는데 주로 2~4층의 빌라나 맨션이 해당된다. 또한 주택별로 각각 분리하여 등기할 수 있으며 매매 또는 소유의 한 단위를 이루고 있는 점에서 다가구 주택과 다르고 규모가 작다는 점에서 연립주택과 구분된다.

단독주택은 통상 한 가구가 생활할 수 있도록 건축된 주택이며 세 든 가구가 있더라도 방, 부엌, 독립된 출입구, 화장실이 별도로 모두 갖추어져 있지 않으면 그 집은 일반 단독주택에 해당한다.

다가구주택은 여러 가구가 살 수 있도록 설계된 주택인데 각 구획마다 방, 부엌, 출입구, 화장실이 갖추어져 한 가구씩 독립하여 생활할 수 있으나, 각 구획을 분리하여 소유하거나 매매(분양)하기가 불가능한 주택이다. 전체 층이 3층 이하이고, 수도계량기가 1개이며, 전체 층(각 층)의 바닥면적(연면적)이 $660\,m^2$(200평) 이하인 경우가 해당한다.

오피스텔과 도시형생활주택은 개별 등기가 가능한데, 오피스텔은 업무시설로 분류되고 주거와 사무공간을 겸용으로 쓸 수 있는 건축물로서 2010년 준주택으로 분류되어 주택은 아니지만 주택의 용도로 활용할 수 있다.

[표 2-1] 주택의 구분

구분	주택명	층수	연면적	특징	비고
공동주택	아파트	5층 이상	–	–	–
	연립주택	4층 이하	660㎡ 초과	2~4층의 빌라, 맨션 등 포함	규모가 다세대보다 조금 크고 아파트보다 작음
	다세대 주택	4층 이하	660㎡ 이하	매매 소유 가능	계약 시 호수까지 정확하게 기재
단독주택	단독주택	3층 이하		1인 소유	
	다가구 주택	3층 이하	660㎡ 이하	매매 소유 불가	계약 시 지번까지만 기재
기타	오피스텔				
	도시형 생활주택				

출처: 건축법 시행령 제3조의5, 별표1 참조 저자 작성

[표 2-2] 도시형생활주택 유형별 특성

주택유형		건축법상 용도
원룸형	• 세대당 주거전용면적 12~50㎡ • 세대별 독립된 주거기능: 욕실 및 부엌 배치, 욕실과 보일러실 제외 하나의 공간으로 구성 • 단, 전용면적 30㎡ 이상은 2개 공간으로 구성 가능 • 각 세대는 지하층에 설치 불가	아파트 다세대 연립주택
단지형 다세대 주택	• 세대당 주거전용면적 85㎡ 이하 • 다세대주택(주거층 4개 층 이하, 연면적 660㎡ 이하) • 건축심의위원회 심의를 거쳐 1개 층 추가 가능	다세대주택
단지형 연립주택	• 세대당 주거전용면적 85㎡ 이하 • 연립주택(주거층 4개 층 이하, 연면적 660㎡ 초과) • 건축심의위원회 심의를 거쳐 1개 층 추가 가능	연립주택

출처: 이재수·이동훈, 2012

도시형생활주택이란 「국토의 계획 및 이용에 관한 법률」상의 도시지역에 주택건설사업계획 승인을 받아 건설하는 20세대 이상 150세대 미만의 국민주택규모(85㎡ 이하)에 해당하는 공동주택이다.

도시형생활주택은 단지형 다세대주택, 원룸형 주택으로 세분된다. 단지형 다세대주택은 세대당 주거전용면적 85㎡ 이하의 다세대주택으로 건축위원회 심의를 거쳐 1개 층의 추가가 가능하므로 주거 층을 최대 5층까지 건설할 수 있다. 원룸형 주택은 세대당 주거전용면적이 12㎡ 이상 30㎡ 이하로 세대별 독립된 주거가 가능하도록 욕실과 부엌을 설치하고 하나의 공간으로 구성한 주택이다. 건축법상 건축물의 용도 분류로 단지형 다세대주택은 다세대주택에 해당하고 원룸형주택은 건설 형태에 따라서 아파트, 연립주택, 다세대주택에 해당한다.

앞서 살펴본 것처럼 5층 이상의 아파트와 오피스텔을 제외하고 우리나라의 저층주거지 주택유형은 크게 공동주택과 단독주택, 기타로 분류하여 공동주택에는 연립주택, 다세대주택, 단독주택에는 단독주택, 다가구 주택, 그리고 기타에 해당하는 도시형생활주택으로 구분할 수 있다.

하지만 이러한 분류 방식은 개념적 구분일 뿐, 「공동주택관리법」의 적용대상이 되는 구분과는 다르다. 즉, 공동주택에 해당한다고 무조건 공동주택관리법령의 모든 조항이 적용되는 것은 아니다. 주택법에 따르면 주택이란 세대 구성원이 장기간 독립된 주거 생활을 할 수 있는 구조로 건축물의 전부 또는 그 부속 토지를 말하며 단독주택과 공동주택으로 구분한다. 그리고 단독주택이란 1세대가 하나의 건축물 안에서 독립된 주거생활을 할 수 있는 구조로 된 주택을 말하며 다중주택이나 다가구주택도 이에 해당한다. 주택법은 공동주택에 대해 건축물의 벽·복도·계단이나 그 밖의 설비 등의 전부 또는 일부를 공동으로 사용하는 각 세대가 하나의 건축물 안에서 각각 독립된 주거생활을 할 수 있는 구조로 된 주택이라 정의하며 아파트, 연립주택, 다세대주택이 이에 해당한다.

「공동주택관리법」은 앞서 제시한 ① 주택법상 공동주택, ② 건축허가를 받아 오피스텔 등 주택 외의 시설과 주택을 동일 건축물로 건축하는 건축물·부대시설(주택에 딸린 주차장 등 시설이나 건축설비), ③ 복리시설(주택단지의 입주자 등의 생활복리를 위한 놀이터 등 공동시설)까지 포함한다. 「공동주택관리법」은 특별히 의무관리대상 공동주택을 정의하면서 이에 대한 법에 따른 여러 의무를 부과하고 있다. 의무관리대상 공동주택이란 해당 공동주택을 전문적으로 관리하는 자를 두고 자치 의결기구를 의무적으로 구성해야 하는 등 일정한 의무가 부과되는 공동주택이다.

의무관리대상 공동주택의 종류로는 ① 300세대 이상 공동주택, ② 150세대 이상으로서 승강기가 설치된 공동주택, ③ 150세대 이상으로서 중앙집중식 난방방식의 공동주택, ④ 건축법 제11조에 따른 건축허가를 받아 주택 외의 시설과 주택을 동일 건축물로 건축한 건축물로서 주택이 150세대 이상인 건축물, ⑤ 위에 해당하지 않는 공동주택 중 입주자 등이 동의해 정하는 공동주택이다. 이러한 의무관리대상 공동주택은 일정 규모 이상의 공동주택으로서 전문적인 관리가 필요한 공동주택에 대해 입주자대표회의를 통해 주택관리를 강화해 입주자 등의 주거 수준 향상에 이바지하기 위해 도입된 것이다. 의무관리대상 공동주택은 입주자대표회의를 통해 해당 공동주택을 효율적으로 관리하고 그 의결사항에 대해서는 자율적으로 심의하도록 정하고 있다. 또한 주택관리사를 관리사무소장으로 채용하고 외부회계감사를 의무화하며, 관리규약을 제정하도록 하는 등 공동주택관리법에 따른 여러 의무가 부과된다.

반면 비의무관리대상 공동주택은 공동주택관리법 중 일부 규정만 적용되고 그 외에는 집합건물법의 적용을 받는다. 공동주택관리법상 의무로는 ① 시설물에 대한 안전관리계획의 수립이나 안전점검 업무, ② 공동주택의 증축 등의 행위 시 행위허가, ③ 공동주택의 하자에 대해 사업주체의 담보책임 의무 등이 부여된다. 또한 공공주택특별법에 따른 공공임대주택과 민간임대주택에 관한 특별법에 따른 민간임대주택은 의무관리대상 공동주택에 해당하지 않고, 이에 따라 공동주택관리법의 적용을 받지 않는다. 예를 들면 공공임대주택의 임차인의 경우 공동주택관리법에 따른 입주자 등에 포함되지 않으므로, 의무관리대상 공동주택과 같이 입주자대표회의를 구성하는 것이 아니라 임차인대표회의를 구성할 수 있다(한국아파트신문, 장혁순 변호사 2022.05.31. 자).

따라서 150세대 미만의 나홀로 아파트, 빌라와 같은 다세대주택은 의무관리대상 공동주택에 해당되지 않아 많은 분쟁과 민원이 발생하는 것이 현실이다. 따라서 빌라와 같은 소규모 공동주택은 '관리 사각지대'로 꼽힌다. 소규모 공동주택 대다수는 비의무관리대상으로 공동주택관리법이 아닌 「집합건물의 소유 및 관리에 관한 법률」의 적용을 받는다. 따라서 체계적인 관리가 부재한 경우가 많아 관리와 관련된 문제가 다수 발생한다. 다만 소규모 공동주택은 세대수가 적어 관리 전문인력이 배치되면 관리비가 급격히 상승한다는 문제점이 존재한다. 이에 일각에서는 소규모 공동주택을 묶어서 관리하는 '통합관리'를 제언하고 있다. 일례로 서울 강북구에서는 통합관리 형태인 '빌라관리소' 사업을 시범운영하고 있다. 2023년 07월 매니페스토 경진대회에서 자치구 부분 최우수상을 받았으며 운영 후 만족한다는 답변이 94%에 달한다. 이와 유사하게 일본의 경우도 30개의 관리조합당 1명의 관리업무주임자를 두도록 정하고 있어 통합관리 모델의 사례가 되고 있다(아파트관리신문, 2024. 04. 01. 고현우 기자).

2. 저층주거지의 공간적 특성

1) 시기별 특성

우리나라는 해방 이후 도시지역에 급격한 인구 유입과 이에 따른 도시 기능의 비약적 성장에 따라 주택 수요의 폭발적인 증가를 가져왔다. 하지만 주택의 공급량은 그 증가 속도에 미치지 못해 정부 정책은 주로 주택의 양적 공급 확대를 목표로 두고 이루어져 왔다. 그럼에도 공급 측면에서 서울은 1970년대부터 2000년대까지 주택 재고가 4배나 증가하였으나 가구 수의 증가를 따라잡지 못하여 주택의 양적 부족 현상이 나타났다.

정부는 주택의 공급증대를 위한 기본적인 방식으로 필터링 효과를 기저에 깔고 1960년 이후로 주택부족 문제들을 해결하고자 하였다. 이에 토지구획정리사업과 택지개발사업 등 대규모 사업을 통하여 신규주택의 공급량을 늘리기 위한 노력을 하였다. 즉 아파트와 같은 양질의 주택공급을 늘리게 되면 소득 수준이 높은 사람들은 새로 공급된 주택으로 이주할 것이고 빈집 사슬(vacancy chain)에 의해 주택건설의 효과는 저소득층에게도 파급될 것이라 본 것이다.

그러나 실제로는 주된 공급유형이었던 아파트가 서민들의 주택부족 문제를 해결하기보다는 상품화 대상이 되어 새로운 자본형성의 장을 이루게 되었다. 즉, 정부에서 기대하였던 것처럼 주택공급량 확대에 의한 저소득층으로까지의 파급효과는 나타나지 않았다. 더구나 1990년대에 들어와 서울의 개발 가능지는 고갈되어 기존의 방식에 의한 대규모 주택공급은 한계에 달하게 되었다. 남아 있는 개발 가능지는 소규모의 필지 단위로 토지구획정리사업이나 택지개발사업 등을 통한 기존의 대규모 신규 주택단지 건설방식은 부적합하였다.

이러한 상황에서 정부는 저소득 서민층에게 바로 공급되어 주택부족 문제를 해결하고 자가 가구율을 높일 수 있으며, 기존의 노후 주택을 이용하거나 미개발 소규모 필지의 효용가치를 최대한 높이는 방법을 통한 저렴한 형태의 주택공급 정책이 필요하게 되었다.

① 1985년 이전

1980년대 방영된 '한 지붕 세 가족'이라는 인기 가족 TV 드라마에서는 주택 하나에 여러 가구가 함께 살면서 이웃 간의 정을 나누는 다가구 주거유형의 전형적인 모습을 찾아볼 수 있다.

이처럼 다가구·다세대주택의 거주유형은 1980년대에 갑작스럽게 출현한 새로운 형태의 주거유형이 아니다. 이미 그 이전부터 한 가구가 거주할 수 있도록 지어진 단독주택에 비공식적인 임대

유형에 의해 여러 가구가 거주하는 경우가 많았다. 1985년 다세대 주택이 법제화될 당시 서울의 단독주택은 70% 이상이 다가구 거주 단독주택으로 이용되고 있었으며, 이러한 형태의 주거는 1950년대 이후 서울로의 피난민 대거 유입, 유례없는 인구의 도시집중에 의한 주택부족 현상에 기인한 것이다.

이러한 다가구 주거유형은 공식적인 임대유형이 아니라 기존의 단독주택에 여러 가구가 살도록 약간의 개축/변형을 가하여 다가구 거주가 이루어졌기 때문에 화장실, 부엌 등의 기본적인 주거시설도 제대로 갖추지 못하는 등 주거환경 측면에서 매우 열악한 경우가 대부분이었다.

'다세대'라는 용어는 한국과학기술원 부설 지역개발연구소의 '다세대 거주 단독주택의 활용 방안에 관한 연구(1980)'에서 처음으로 사용하였는데, 해당 논문에서는 '다세대 주거'를 단독주택에서 2가구 이상이 임대차 관계에 의해 동거하고 있는 주거방식이라 규정하고 있다. 법 제정 이전 '다세대'라는 용어는 주택을 구입할 능력이 없는 가구와 주택 일부를 할애하여 소득 발생을 추구하는 주택 소유주 간에 발생하는 주거유형으로 현재의 다가구 주거유형과 비슷한 개념으로 정의하고 있었다.

[그림 2-1] 70년대 연립주택_화곡 주공시범아파트 내 대규모 연립주택

[그림 2-2] 80년대 연립주택_청담동 효성빌라

출처: https://blog.naver.com/littlemy1213(그림 2-1),
　　　https://blog.naver.com/modf92sf/221044786336(그림 2-2)

이러한 다가구 거주 단독주택은 한 가구가 거주하기 위해 건축된 주택을 불법적으로 개조하여 두 가구 이상이 사용하였기 때문에 거주 공간의 규모 면에서 매우 열악하였다.

저서 〈한국 공동주택계획의 역사〉에 따르면 [그림 2-1]처럼 우리나라 최초의 저층 고밀집합주거에 대한 형태는 화곡 주공시범아파트(5층)와 연립주택(1~2층)을 조화시킨 시도라고 한다. 이후 화곡 주공시범아파트에서 이루어졌던 연립주택에 관한 시도가 과천주공아파트에서도 일부 이루어졌지만, 1980년대 이후 소위 '아파트 황금기'가 열리면서 연립주택은 대규모 단지 형태로는 거의 자취를 감추게 되었다. 화곡 주공시범아파트에서 시도되었던 고급 연립주택은 소위 '빌라'라고 하는 청담동 효성빌라(1982), 해운대 빌리지(1990-1991), 삼성동 현대빌라(1994-1995) 등과 같이 저층고급주택의 계보로 이어지게 되었다.

한편, 연립주택 건설에 관한 규제 완화에 따른 1984년 다세대주택 양성화가 진행되면서 연립주택은 도시의 저렴한 주택으로서 다세대주택의 계보를 잇게 된다.

[그림 2-3] 80년대 연립주택_장위동

[그림 2-4] 80년대 연립주택_동교빌라

출처: https://blog.naver.com/littlemy1213(그림 2-3),
https://blog.naver.com/psychist007/222131952500(그림 2-4)

② 1985년 이후~1990년대

1985년 다세대주택 법제화 이후 제도화된 다세대주택은 다가구 형태의 주거 현상을 양성화하면서 주택문제를 완화하려는 취지에 따른 것이다. 법 제정 당시 건축법 시행령에서는 '2세대 이상 9세대 이하의 각 세대가 독립된 생활을 영위하기에 적합한 구조를 갖춘 330㎡ 이하의 건축물로서 세대별 별도 소유가 가능하도록' 규정하였다. 이 당시 국민주택자금 융자대상으로서 다세대주택은 '건축 연면적이 330㎡ 이하의 주거용도 건축물로 세대당 주거전용 면적이 23㎡ 이상 80㎡(서울은 67㎡) 이하여야 하고 세대별 독립된 2개 이상의 침실 및 화장실을 갖추며 세대별 가옥대장 작성 및 구분등기가 가능한 주택'으로 보았다. 즉, 임대차가 아닌 개별 세대의 등기와 소유가 가능하다는 면에서 이전의 다가구 거주 단독주택과 차별화된 것이었다.

1990년에 다세대·다가구주택에 대한 양성화가 진행되면서 다세대·다가구주택은 저층 주거의 형태로 서민주택의 양적 공급에 기여하였다. 특히, 1990년 이후 큰 폭으로 증가한 주택유형이 다가구주택이었는데 이는 다가구주택이 규모나 성격 면에서 다세대주택과 거의 유사하지만 당시 건축법규 적용 측면에서 더 완화된 규제 조항과 소규모 임대주택에 대한 수요가 증가하기 시작한 시점이었기 때문이다.

[그림 2-5] 다세대주택

[그림 2-6] 다가구 거주 단독주택

출처: 박인애(2005)

또한 다세대주택의 법제화에도 불구하고 주택구입 능력이 없는 저소득 가구들과 다주택으로 인한 세금부담을 피하고 싶은 건물주들은 여전히 지하, 옥상 등을 개조해 임대용으로 다세대주택처럼 사용하였다. 이에 정부는 저소득 세입자의 주거안정, 건물주가 1주택 자격을 유지하면서 임대사업에 참여할 수 있도록 하여 주택공급을 늘림으로써 1990년 '다가구주택'을 새로운 주거유형으로 제도화하였다.

다세대 · 다가구주택의 공급확대를 위해 연면적 $330\,m^2$에서 $660\,m^2$로, 가구 수를 2~9가구에서 2~19가구로, 층수는 2층 이하에서 3층 이하로 건축기준을 완화하고, 대지경계선에서 1m만 띄우게 완화하도록 하여 다가구주택 신축을 더욱 유도하였다. 더불어 1990년대 이후에 등장한 다가구주택에 가장 큰 영향을 미친 것은 주차규정이라 볼 수 있는데 필로티를 이용한 주차공간의 확보가 가로경관 및 대지이용 패턴에 가장 큰 변화를 초래하였다(손병남, 김준경, 조용훈, 2005).

그러나 1997년 다가구주택에 대한 주차장 기준이 마련되고 1999년 건축법의 개정으로 다세대주택과 건축법상의 규제 적용정도가 거의 비슷해지면서 다가구주택의 신축 비율은 줄어들었다.

③ 2000년대

2000년 이후 다세대주택의 건설량은 증가하게 되었는데 가장 큰 원인은 당시 아파트값 상승에 따른 대체재로서 저렴한 분양주택의 수요가 많았기 때문이다. 이 당시의 금리 또한 낮고 대출이 잘되어 안정적인 수익이 창출되는 투자처로서 다세대주택이 각광받은 것도 한몫한다. 이 시기에 투자처로서 다세대주택이 다가구주택보다 더 선호된 이유는 다가구주택에 관한 법 규제의 적용이 다세대주택과 거의 동일해져서 다가구주택 건설로 인한 이점이 사라졌을 뿐 아니라 같은 조건이라면 다세대주택으로 건설하는 것이 다가구주택보다 1개 층을 더 지을 수 있으므로 더 높은 용적률을 확보하여 경제적 이득을 볼 수 있었기 때문이다(박인애, 2005).

2000년대 들어 1~2인 가구의 급격한 증가와 함께 부담 가능한 저렴주택의 수요가 증가하면서 국토부는 2009년 주택법 개정을 통해 도시형생활주택 정책제도를 도입하였다. 특히 도시형생활주택 활성화를 위한 다양한 규제완화(예: 국민주택기금 지원, 주차장 완화, 진입도로 기준완화, 복합건축허용, 무주택자 기준 완화 등)는 도시형생활주택의 건설 활성화를 촉진하였다.

[표 2-3] 도시형생활주택 건축 주요 특성

구분	내용
규모	다세대: 4개 층 이하, 660㎡ 이하 연립: 4개 층 이하, 660㎡ 초과
주차장	주거전용면적 기준 60㎡당 1대 (상업 · 준주거지역은 120㎡당 1대) 주차장 완화구역은 연면적 200㎡당 1대
발코니	허용
채광창 이격 거리	규모에 따라 차등
대지 안의 공지	규모에 따라 차등(다세대 1m, 연립 · 아파트 2m)
복도 폭	사업승인 대상 중복도 1.8m, 기타 1.5m 건축허가 대상 중복도 1.8m, 기타 1.2m
경계벽등내화구조	경계 벽 내화구조 적용
임대	구분등기에 의한 임대 (취 · 등록세 면제: 40㎡ 이하 및 1억 원 미만, 임대주택)

출처: 이재수 · 이동훈, 2012

2) 저층주거지의 제도적 특성

저층주거지에 대한 관리제도는 「국토의 계획 및 이용에 관한 법률」에 의한 도시관리계획인 용도지역 · 지구제와 지구단위계획이 있다. 용도지역 · 지구제는 해당 지역 및 지구 내 필지에 대한 건축물의 용도, 건폐율, 용적률, 높이 등을 제한하여 저층주거지의 주거환경을 관리한다. 지구단위계획은 용도지역 · 지구제의 규제하에서 필지 및 건축물의 세부 내용을 규정하고 있다. 용도지역 · 지구제는 광범위한 지정과 건축행위 제한으로 저층주거지의 다양한 특성을 반영하지 못하여 저층주거지 특성별 관리에는 한계가 있다.

반면 지구단위계획은 특정 지역에 대해서만 지정·운용된다는 한계점이 있다(맹다미 외, 2016).

① 용도지역·지구의 주거지역

용도지역 중 주거지역에는 전용주거지역과 일반주거지역, 준주거지역이 있다. 전용주거지역은 단독주택 중심의 제1종 전용주거지역과 공동주택 중심의 제2종 전용주거지역으로 구분된다. 일반주거지역은 저층주택 중심의 제1종 일반주거지역, 중층주택 중심의 제2종 일반주거지역, 중·고층주택 중심의 제3종 일반주거지역으로 세분된다. 준주거지역은 주거기능을 위주로 이를 지원하는 상업·업무기능을 보완하기 위한 지역이다.

용도지역제는 세부 지역별로 용적률, 건폐율, 층수, 건축물 용도 등 행위제한에 차이를 두고 있다. 용도지역별로 다르게 적용되는 건폐율과 용적률은 주택의 규모 및 밀도를 결정한다. 주거지역에 건폐율·용적률이 적용되기 시작한 이후 법정 건폐율·용적률의 변화가 있었으며 이로 인해 동일한 주거지역에서 건축 연한에 따라 주택밀도가 차이를 보인다.

서울시 주거지역의 건폐율과 용적률은 1972년 이후 정책에 따라 변했고, 2000년 7월 전면 개정된 도시계획조례에서 현재의 형태로 정착되었다. 건폐율은 제1종 전용주거지역에서 50%, 제2종

전용주거지역 40%, 제1·2종 일반주거지역 60%, 제3종 일반주거지역 50%, 준주거지역 60%이다. 용적률은 제1종 전용주거지역에서 100%, 제2종 전용주거지역 120%, 제1종 일반주거지역 150%, 제2종 일반주거지역 200%, 제3종 일반주거지역 250%, 준주거지역 400%이다(맹다미 외, 2016).

② 지구단위계획

지구단위계획은 토지이용을 합리화하고 기능을 증진하여 경관·미관을 개선하고 양호한 환경을 확보하여 해당 지역을 계획적으로 관리하기 위해 수립하는 도시관리계획이다. 서울시 지구단위계획 수립기준에서 제시하고 있는 유형 중 저층주거지 관리를 목적으로 하는 것은 단독주택지 보전·정비·관리형 지구단위계획이다. 단독주택지 보전·정비·관리형 지구단위계획에는 살기 좋은 마을 만들기형 지구단위계획, 블록단위 주거지 정비형 지구단위계획, 주거환경관리사업이 있다. 단독주택지 보전·정비·관리형 지구단위계획 외에도 리모델링형이나 기성상업지 환경정비형도 저층주거지 관리를 위한 지구단위계획 범주에 포함된다. 서울시 지구단위계획 수립기준의 유형에는 포함되지 않지만 역사문화지구 지구단위계획과 재정비촉진지구 내 존치지역의 지구단위계획도 저층주거지 관리를 위한 목적으로 한다(맹다미 외, 2016).

③ 소규모 공동개발 및 정비사업

건축협정은 2014년 1월에 개정된 건축법에 도입된 것으로 도심의 노후 주거지에 대한 정비를 활성화하기 위하여 주민 간 건축협정 필지를 하나의 대지로 간주하고 주차장, 조경 등을 통합적으로 설치하는 내용을 골자로 한다. 토지 또는 건축물의 소유자, 지상권자 등의 전원 합의로 협정이 체결될 수 있으며 둘 이상의 토지를 소유한 자가 1인인 경우에도 해당 토지구역에 대한 건축협정이 가능하다. 건축협정이 가능한 지역은 지구단위계획구역, 주거환경관리사업 및 주거환경개선사업구역, 존치지역 내이다. 건축협정의 취지는 낮은 사업성, 접도조건 등으로 인하여 자력으로 개발이 불가능한 필지에 대해 주거환경 개선의 기회를 제공하기 위함이다.

결합건축은 2016년 1월 건축법에 신설된 것으로 2개 대지의 소유자가 서로 합의한 경우 용적률을 개별 대지마다 적용하지 않고, 2개 대지를 대상으로 통합 적용하여 건축할 수 있는 방식이다. 결합건축이 가능한 지역은 상업지역, 역세권개발구역, 주거환경관리사업구역, 건축협정구역, 특별건축구역, 리모델링활성화구역, 도시재생활성화구역, 건축자산진흥구역으로 한정된다. 결합건축의 취지는 이미 인접 대지가 개발되어 건축협정으로도 개발이 불가능한 필지의 주거환경을 개선하는 방안으로 활용하기 위한 것이다. 이를 통해 고밀개발이 필요한 필지와 결합하여 용적률을 이양하는 필지의 집수리 · 대수선 · 개축 · 신축을 유도할 수 있다.

2개 이상 필지에 대한 소규모 공동개발은 2017년 2월에 제정된 「빈집 및 소규모주택 정비에 관한 특례법: 이하, 소규모주택특례법」으로도 가능한데 이 법에 근거한 사업방식에는 자율주택정비사업, 가로주택정비사업, 소규모 재건축사업이 포함된다. 자율주택정비사업은 2명 이상의 소유자가 단독주택 · 다세대주택에 대해 스스로 주택을 개량하거나 건설하는 방식이고, 가로주택정비사업은 가로구역의 전부 또는 일부에서 소규모 전면철거방식으로 공동주택을 건설 · 공급하는 방식이다. 소규모 재건축사업은 소규모로 공동주택을 재건축하는 사업으로 저층주거지 내에서는 연립주택단지에서 적용할 수 있다. 소규모주택특례법에 의한 사업은 사업시행계획인가를 받아야 하며 가로주택정비사업과 소규모재건축사업은 관리처분계획을 수립해야 한다.

제2절 저층주거지 거주 환경 특성

1. 저층주거지 거주 특성

1) 저층주거지에는 누가 살고 있나?

일반적으로 저층주거지에는 주로 서민층 중에서도 임차 가구가 많이 거주하고 있다. 배웅규 외(2011)의 연구에 따르면 저층주거지 거주자는 소득 평균이 도시근로자 가구 월평균소득과 비교하여 낮은 것으로 파악되었다. 본 절에서는 소득 이외에 연령 등 다양한 특성을 파악하기 위하여 저층주거지의 거주민 특성에 대한 사항인 국토교통부 주거실태조사 자료 중 서울시 표본을 대상으로 해서 서울연구원 2016년 보고서를 참조하여 파악하였다.

2016년 기준 저층주거지의 노령화지수는 95.1%로 서울시 69.8%, 아파트 단지 55.3%에 비해 월등히 높다. 이는 저층주거지에는 상대적으로 노년층이 많이 거주하고 있음을 나타내는 것이다. 특히 평균연령과 노령화지수가 모두 높게 나타나는 지역은 대체로 강북으로 집중되는데 평창동 · 북촌 · 서촌 일대, 이태원 · 후암동, 성북동, 청량리 · 휘경동 · 용두동, 미아동, 도봉동, 연희 · 홍제동, 대흥 · 아현동, 신림동, 양재동이다. 반면 평균연령과 노령화지수가 서울시 평균보다 낮은 지역은 명륜1가 · 혜화 · 신교동, 장위동, 면목동, 자양·구의·중곡동, 역촌·갈현동, 망원·성산동, 화곡동, 목동, 독산동, 신림동, 양재동 등이다.

저층주거지 거주민의 평균 가구원 수는 2.6명으로 서울시 평균 2.7명과 비슷한 수준이지만 아파트 3.2명보다는 낮다. 저층주거지의 1인 가구 비율은 27.5%로 아파트단지의 1인 가구비율 9.7%보다 상대적으로 높다. 저층주거지의 주택 자가율은 33%로 서울시 평균 41%, 아파트 단지 55%보다 낮다. 이는 저층주거지에서 1인 가구와 20~30대 젊은 층이 주로 임차로 거주하고 있음을 알 수 있다. 저층주거지 중에서도 공원과 인접한 저층주거지는 자가율이 높게 나타났는데 이는 양호한 주거환경을 갖추었기 때문이라 여겨진다. 저층주택의 사용 면적 중 $60m^2$ 이하의 비율은 57%로 동일 면적의 아파트보다 2배가량 많다. 이는 저층주택이 소형·저렴주택으로 역할을 하고 있다는 것을 단적으로 보여주는 것이라 할 수 있다. 특히 2010년 이후 도시형생활주택의 공급이 늘어나면서 급격히 증가하였다.

저층주거지 거주민의 월평균 총소득은 305만 원 이상 비율은 소폭 증가했지만 134만 원 이하 비율은 감소하지 않았다. 이는 저층주택에 거주하는 주민의 소득 수준이 더 열악해지고 있음을 보여주는 것이다.

[표 2-4] 저층주택/아파트 거주민의 월평균 소득 비교

구분	시기	134만 원 이하	135~201 만 원	202~257 만 원	258~304 만 원	305만 원 이상
저층	2008년	19.2	23.1	11.6	16.0	26.5
	2010년	25.1	25.2	10.9	14.1	24.7
	2014년	24.7	20.3	10.0	13.9	29.9
아파트	2008년	12.2	10.8	6.8	14.7	51.6
	2010년	9.2	12.6	6.0	13.8	58.4
	2014년	14.8	8.6	5.0	12.9	57.5

출처: 맹다미 외, 2016

2) 그들의 주거 만족도는 어떨까?

서울시 저층주거지의 주거환경은 대부분 지역이 쓰레기와 소음, 인동간격 등으로 인한 사생활 침해, 일조권 침해, 방범 및 치안 등의 문제가 있다(유해연, 2011). 또한 주차 공간 확보가 어렵고 비주거용 건물의 침투로 주거환경으로서 장소성이 훼손되었다 할 수 있다. 오정석(2010)의 연구에 따르면 서울시 저층주거지에 거주하는 거주자의 주거 만족도는 보통 이하로 나타났다. 주거환경 요소 중 내부환경 요소(예: 내부위생상태, 난방시설, 화장실 등)의 만족도는 상대적으로 높으나 외부환경 요소(예: 주차시설, 공원, 놀이터, 문화시설 등), 주변환경 요소(예: 대중교통, 주변 상가, 공공기관 등)에 대한 만족도가 상대적으로 낮은 것으로 파악되었다.

또한 공공임대 저층주거지역에 주로 분포한 다세대매입 임대주

택 거주자를 대상으로 주거 만족도를 파악한 연구(성진욱 외, 2022)에 따르면 대중교통 접근성이 열악하고 경사도가 높은 구릉지에 위치한 주택의 거주자가 낮은 만족도를 보였다. 특히 주택내부환경보다는 주택외부환경에 대해 거주 만족도가 상당히 낮은 것으로 파악되었다.

[그림 2-7] 주거환경-주관적 인식과 객관적 측정의 하위 20% 일치 지역

출처: 성진욱 외, 2022

[그림 2-7]은 2022년 서울시 공공임대주택 패널 데이터를 활용한 거주 만족도 조사에서 주관적으로 인식하는 거주만족과 객관적

으로 측정한 물리적 환경 측면에서 하위 20% 일치되는 지점에 해당하는 지역이다. 하위 20% 지점은 ① 대중교통 편의성, ② 교육환경 접근성, ③ 생활 편의시설 접근성, ④ 공공시설/문화시설 접근성, ⑤ 의료시설 접근성 측면에서 공통으로 4개 이상에 대해 열악한 지역이다. 특히 해당 지역들의 공통점은 저층주거지 다세대·다가구 주택 빌라 밀집 지역이라는 공통점이 있다.

공공임대 주택 중 빌라는 주로 매입임대 형태로 제공되는 공공임대주택 프로그램의 하나로 주로 도심지역 내에서 시장에서 주택을 매입하거나 민간으로부터 임대하여 필요한 보수나 리모델링을 거친 후 저렴한 가격에 임대를 제공하는 방식으로 운영된다. 주된 목적은 저소득 가구 및 사회적 취약 계층에게 안정적이고 적정한 주거환경을 제공하여 그들의 주거 안정성을 높이고, 동시에 도심 내 노후화된 주거환경을 개선하는 데 목적이 있다.

2. 저층주거지 주거환경 특성

1) 물리적 특성

저층주거지는 저밀도로 구성된 주거지역으로 상업 또는 산업시설보다는 주거용 건물이 주를 이룬다. 이러한 측면에서 저층 주거지역은 일반적으로 도시의 고층 건물과 대조를 이루면서 도시적인 풍경을 조화롭게 만들어 낸다. 일부 저층주거지는 산간 지역이나 언덕 지대에 자리 잡고 있어서 지형의 경사가 상당히 가파른 예도 있다. 이러한 지역에서는 주택이 경사진 지형에 따라 계단 형태로 배치되어 있고 주택이 산에 밀접하게 붙어 있어서 경사면에 따라 주택이 적당한 지지대를 갖추고 있을 수 있다. 대표적인 사례로 부산 감천문화마을의 경우 지금은 관광지로 유명해졌지만, 대표적인 경사면의 저층주거지라 할 수 있다.

경사가 있는 지역에 주택을 건축하는 자체가 지형적인 제약이 많고 토지이용의 한계가 발생하기 때문에 주택의 품질이나 구조 측면에서 평지보다는 고려해야 할 사항이 많다. 따라서 경사지는 일반적으로 주거지로 선호되지 않는 경우가 많다. 더불어 경사가 있는 지역에 주택이 위치할 경우, 주변 편의시설의 이용이나 대중교통 접근성 측면에서 불편한 점이 많아 경사지에 있는 저층주거지는 비선호 대상이라 할 수 있다.

저층주거지는 주로 단독주택, 다세대·다가구 주택, 연립주택 등의 주거 형태가 많아 상대적으로 밀도가 낮다. 농촌지역이 아닌 도시지역에서 밀도가 낮은 저층주거지는 대도시 외곽의 주거지역, 도시 외곽이나 부도심의 빌라지역, 도심 내 지역 등이 있다. 대도시 외곽지역에 있는 저층주거지는 주거환경이 주로 양호한 지역으로 주변에 자연환경이 풍부하고 조용해서 평온한 생활을 선호하는 사람들이 사는 지역이라 할 수 있다. 도시 외곽이나 부도심의 빌라지역은 주로 연립주택이나 다세대·다가구 주택으로 구성되며 일반적으로 3~4층 이하로 낮은 높이를 갖춘 지역이다. 그 외 도심 내 지역도 있는데 도시 재개발 과정에서 다양한 이유로 의도적으로 빠지거나 도심 쇠퇴에 따른 미집행 개발지라 할 수 있다.

이러한 저층주거지에 대해 재미있는 점은 저층주거지를 방문한 방문객과 해당 저층주거지에 거주하는 주민이 인식하는 물리적 환경이 서로 굉장히 이질적이라는 점이다. 일례로 다음은 강현도 외 (2022)의 연구로 부산 감천문화마을을 대상으로 한 저층주거지에 대한 물리적 환경 인식의 차이이다.

[표 2-5] 저층주거지 물리적 특성 파악을 위한 자료 구축

구분	데이터명	자료출처	가공방법	자료
방문객	리뷰자료	트립 어드바이저	웹 크롤링	핵심용어 및 어휘
거주민	GIS 건물 통합정보	국가공간 정보포털	건축물 중 주택 및 근린생활시설 추출 후 사용	건물접도 여부, 건물용도, 연면적 등
	건축물 연령정보	국가공간 정보포털	건축물 중 주택 및 근린생활시설 추출 후 사용	건축물 연령
	1:5000 수치지형도	국토지리정보원	등고선만 추출하여 DEM으로 변환하여 경사도 분석	건축물 경사도, 건축물 고도

구분	데이터명	자료출처	가공방법	자료
거주민	주민등록인구	통계청	건물통합정보를 통해 얻은 건물면적에 나누어 도출	1인당 주거면적
	도로명주소 도로구간	행정 안전부	–	도로 폭, 건물접도여부
	감천문화마을 지구단위 계획 지형도면	부산광역시 사하구청	지구단위계획 구역 경계를 추출하여 마을 영역 도출	–
	사하구 폐/공가 현황	부산광역시 사하구청	주소 정보를 GIS 건물 통합정보에 결합	폐/공가

출처: 강현도 외, 2022

① 방문객 관점의 저층주거지

방문자에 대한 인식을 파악하기 위해 강현도 외(2022)의 연구를 참조하였다. 그들의 연구에서 방문객의 리뷰자료 분석을 위해 텍스트마이닝(Text mining) 기법을 활용하였다. 텍스트마이닝이란 일반적으로 구조화되지 않은 텍스트에서 흥미로운 정보와 지식을 추출하는 과정을 말하며, 구조화되지 않은 자료들을 의미 있는 패턴과 새로운 통찰을 위해 구조화된 형태로 바꾸는 과정이다(IBM, 2020). 비정형화된 텍스트를 수집하고 처리하는 텍스트마이닝 방법은 빅데이터 관련 기술이 발전하면서 논문, 인터뷰 내용, 각종 후기, 신문기사, 블로그 내용과 같은 방대한 양의 비정형화된 텍스트로부터 정보를 얻을 수 있게 되었으며 기존 설문조사로 진행된 표본조사의 한계를 극복할 방법론으로 사리매심하고 있다.

텍스트마이닝 기법은 여러 종류가 있는데, 기본적인 빈도분석과 TF-IDF(Term Frequency-Inverse Document Frequency) 기법을 이용한 분석, SNA 분석, 네트워크 텍스트 분석, 군집분석 등이 있다.

첫째, 방문객 관점의 리뷰 데이터에 대한 특정 단어의 중요도를 파악하기 위하여 TF-IDF 기법을 적용하였다. TF는 여러 가지 형태로 표현할 수 있는데, 가장 간단한 형태는 문서 d 내의 단어 t의 총빈도 f(t, d)이며 특정 단어가 문서 내에서 얼마나 자주 등장하는지를 나타내는 값이다.

이때, 분서의 길이가 긴 경우 불린 빈도(Boolean Frequency)나 정규화된 TF를 사용하는데, 본 연구에서는 리뷰 문장들로 구성되어 있어 가장 간단한 f(t, d)를 사용하였다. DF는 특정 단어가 등장한 문서의 수로 특정 단어 자체가 문서군 내에서 자주 사용된 경우를 의미하며, DF의 역수값인 IDF(Inverse Documentary Frequency)가 높으면 그 단어가 일부 문서들에만 나타나는 것을 의미하고 이 단어는 핵심어가 될 가능성이 있다.

$$idf(t, D) = \log \frac{|D|}{|\{d \in D : t \in d\}|} \quad (1)$$

t : 특정단어, d : 특정문서, D : 문서집합

$$tfidf(t, d, D) = tf(t, d) \times idf(t, D) \quad (2)$$

TF-IDF 값은 TF와 IDF를 곱한 것이며, TF-IDF 가중치 값에 따라 문서 내에서 특정 단어 t의 출현빈도가 높고 전체 문서에서 특정 단어 t가 출현하는 문서들의 수가 적은 단어가 핵심단어로 평가된다. 즉, TF-IDF는 특정 문서 내에서 단어 빈도가 높을수록, 전체 문서들 중 그 단어를 포함한 문서가 적을수록 TF-IDF가 높아지는데 주로 문서의 핵심어를 추출하거나, 순위를 결정할 때, 문서들 사이의 비슷한 정도를 구하는 용도로 주로 사용한다.

먼저, 방문객의 물리적 환경에 대한 묘사 및 감상에 해당하는 문장들을 대상으로 핵심적인 키워드를 파악하였다. TF-IDF 결과 중 명사, 동사 및 형용사 상위 10개를 선정하여 방문객이 감천문화마을의 환경에 대해 묘사할 때 사용하는 요소들을 도출하였다(표 2-6 참조).

명사는 '사진'이 가장 많은 수를 보였으며 '골목', '벽화', '집', '길', '색깔' 등 마을을 이루는 물리적 요소들이 상위권으로 나타났다. 또한 '바다', '언덕' 등 지형적인 요소를 나타내는 단어 또한 파악되었으며, '풍경', '동네' 등 마을의 전체적인 모습을 묘사하는 단어 역시 포함되었다. 동사 및 형용사에서는 미추를 평가하는 '예쁘다', '아름답다'가 식별되며, '아기자기하다', '알록달록하다', '많다' 등 물리적인 상태를 묘사하거나 만드는 과정에서 출현하는 단어들이 나타났다. 또한 '보이다', '보다', '가다' 등 활동에서 파생되는 단어들도 파악되었다.

[표 2-6] 방문자의 저층주거지 물리적 특성 인식에 대한 TF-IDF 분석 결과

순위	단어명 (명사)	TF-IDF	단어명 (동사, 형용사)	TF-IDF
1	사진	110.48	좋다	107.71
2	골목	91.04	예쁘다	103.35
3	벽화	82.13	보다	93.03
4	집	75.65	많다	90.64
5	풍경	56.79	아기자기하다	88.44
6	길	50.05	찍다	77.92
7	동네	46.14	가다	62.45
8	바다	37.82	알록달록하다	56.79
9	색깔	36.51	아름답다	54.42
10	계단, 언덕	35.55	보이다	39.83

출처: 강현도 외, 2022

다음은 [표 2-6]에서 물리적 요소인 골목, 벽화, 집, 계단/언덕
에 대하여 어떻게 인지하는지 파악하였다.

첫째, 골목에 대한 인식은 다음과 같다. 리뷰에서 사용된 '골목'
이라는 어휘는 사람이 걸어갈 수 있는 관광자원으로 인식되는 마
을 내의 골목과 마을에 이르기까지 차량이 통과해야 하는 골목으
로 나눌 수 있다. 마을 내의 골목과 그에 연관되는 물리적 시설 혹
은 비물리적 활동은 대부분 긍정적으로 묘사된다. 마을 내의 골목
에 관한 서술에서는 '아기자기함'이 가장 많이 나타나며, '아기자

기함'이라는 표현은 골목 자체를 넘어 골목에 위치한 작은 가게들로도 확장된다. 또한 '옛 풍경을 간직하고 있다'라는 서술도 확인된다. 마을 내의 골목에 대해서는 부정적인 의견을 거의 찾아볼 수 없었으며 결론적으로는 즐겁다고 서술된다. 그러나 '마을에 이르기까지 통과해야 하는 길'이라는 뜻으로 사용된 '골목'이라는 어휘는 다소 부정적으로 나타나는데, 모든 사례에서 길이 좁아 운전이 힘들고 주차공간이 부족하다는 식으로 나타났다. 반면 같은 공간을 버스를 타고 접근한 사람들은 버스가 좁은 골목을 올라가는 것이 이색적인 경험이라고 서술하였다.

둘째, 벽화에 대한 인식은 다음과 같다. 감천문화마을의 벽화는 대체로 좋은 평가를 받고는 있으나 방문객들이 새롭게 느끼는 것은 아니라는 점을 알 수 있다. 벽화마을이 다른 지역에도 많으므로 기대는 하지 않았으나 오히려 독특한 지형과 함께 있는 것이 인상적이라는 반응도 드러났다. 한편으로는 벽화마을이 다른 지역에도 많아서 굳이 찾아올 만한 곳은 아니라는 서술 역시 존재한다. 따라서 지형, 건축물, 골목, 전망 등에 비해 벽화 자체가 감천문화마을만의 독창적인 특징이 아님을 알 수 있다.

셋째, 집에 대한 인식은 다음과 같다. 리뷰에서 '집'에 대해서는 집의 형태를 설명하거나 집이 포함된 주거지의 형태나 역사와 함께 결부되어 서술된다. 집의 형태를 서술하는 문장에는 '컬러풀',

'파스텔톤', '색깔', '형형색색' 등 색깔을 묘사하는 어휘, '다닥다닥', '오밀조밀' 등 집들이 밀집된 상태에 관한 어휘, 건축물의 작은 규모를 뜻하는 '아기자기', '앙증맞다' 등의 어휘 등이 식별된다. 방문객들은 감천문화마을의 집에 대해 물리적으로는 색깔에 가장 주목하며, 집에 대한 형태나 규모에 있어 작거나 밀집된 것에 대해 부정적으로 인식하지 않음을 알 수 있다. '집'의 경우에는 방문객들이 침범할 수 없는 주민의 영역이기 때문에 집 자체의 기능에 대해서 좋고 나쁨을 따지는 평가는 찾을 수 없고, 바깥에서 관찰하는 일방적인 시선을 통해 감천문화마을의 경관을 구성하는 하나의 요소로서 형태적 맥락과 함께 이해된다고 할 수 있다.

넷째, 계단/언덕에 대한 인식은 다음과 같다. 리뷰에서 '계단'에 대해서는 '계단'이 많아서 '힘들다'라는 형태로 서술되었으며, 계단의 존재가 긍정적으로 서술된 문장은 존재하지 않았다. '언덕'은 외국의 유명 관광지와 비교하는 서술이 많았으며, '언덕'을 따라 작은 '언덕' 등 주로 긍정적인 매력물로 인식하고 있음을 알 수 있다.

② 거주민 관점의 저층주거지

둘째, 거주민 관점에서 물리적 환경에 대한 객관적인 측정을 위하여 공간자료와 수치지형도를 활용하여 경사도 및 고도 분석 등 공간분석을 수행하였다. 즉, 감천문화마을에 거주하는 거주민의 물리적 환경평가를 본 연구에서는 간접 측정 방식으로 접근하였다.

물리적 환경평가를 위해 장윤정 · 고승욱(2021)의 연구에서 주거환경지표에 근거하여 '골목'에 해당하는 요소는 '도로 폭'과 '건물 접도 여부'의 두 가지 항목으로 평가하였다. '집'에 해당하는 요소는 '건물용도'와 '건축물 폐 · 공가 여부(빈집)', '건축물 연령', '건축물 연면적'의 네 가지 항목으로 평가하였다. '계단'과 '언덕'에 해당하는 요소는 '등고선'과 '경사도'의 두 가지 항목으로 평가하였다 (표 2-7 참조).

[표 2-7] 거주자의 저층주거지 물리적 특성 인식

구분	내용	평가
골목		도로 폭

구분	내용	평가
골목	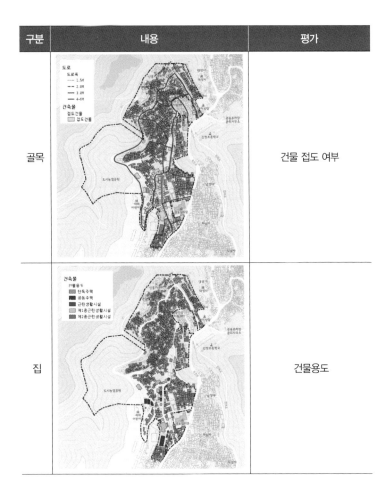	건물 접도 여부
집		건물용도

구분	내용	평가
집	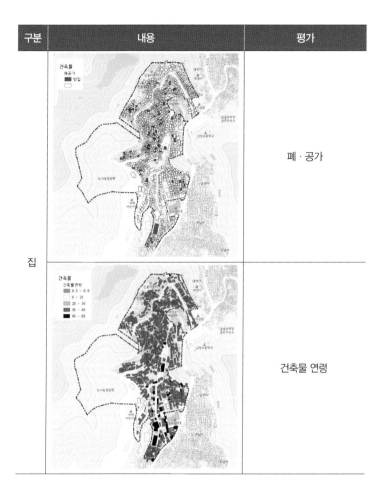	폐·공가
		건축물 연령

구분	내용	평가
집	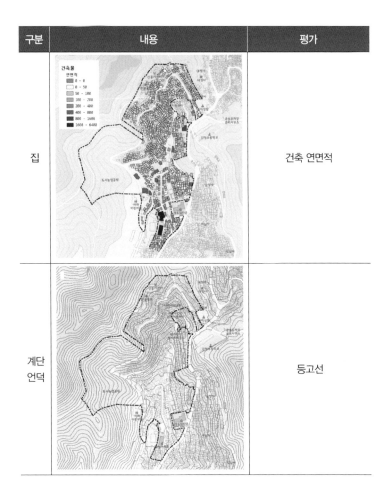	건축 연면적
계단 언덕		등고선

구분	내용	평가
계단 언덕	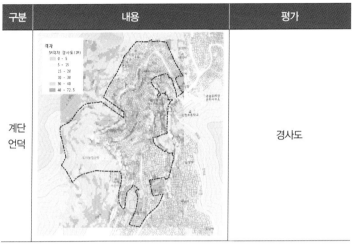	경사도

출처: 강현도 외, 2022

　객관적으로 측정된 물리적 환경평가에서 거주자 관점에서 '골목'은 대상지 대다수가 일반적 주거환경의 기준인 2m 도로 폭을 거의 유지하지 못하고 있으며, 건축물과 도로가 인접하지 않은 비접도 건축물이 대다수를 차지하고 있음을 확인할 수 있었다. '집'에 대한 물리적 평가에서 대다수 건물이 30년 이상의 노후화된 단독건축물로 신규로 건축하기에는 어려움이 많은 좁은 연면적을 이루고 있었으며, 이미 많은 수의 건축물이 빈집 상태인 것으로 파악되었다. '계단'에 해당하는 '건축물 경사도', '건축물 고도'도 지형의 특성이 반영되어 높은 경사도와 고도였으며, '언덕'에 해당하는 '경사도' 또한 지형의 특성을 반영하여 경사도가 높은 지역이 많은 분포를 보였다. 이는 건물 신축 및 증축 시 비용이 많이 드는 높은 경사도를 고려했을 때, 단독주택 분포가 많은 감천문화마을의 경우 해당 행위들이 발생할 확률이 낮음을 간접적으로 의미하는 것이다.

2) 환경적 특성

전형적인 저층주거지는 주택들이 낮은 높이로 건축되어 있어 자연과의 조화를 이루고 넓은 정원이나 마당이 마련되어 있어 식물이나 나무가 자라는 자연적인 경관을 형성한다. 하지만, 다세대 · 다가구 주택과 같은 빌라들이 밀집한 저층주거지는 주택들이 서로 가깝게 자리 잡고 있어 채광이나 통풍 면에서 주거환경이 열악하다. 이는 주택들 사이의 간격이 좁을수록 자연채광이 어렵고 간격이 좁으면 자연히 공기의 순환과 통풍이 제한적이기 때문이다. 그 외에도 보행환경, 소음 측면에서 양호한 주거환경으로 개선이 필요한 부분이 많다.

① 보행환경

저층주거지의 보행환경이 열악한 이유는 다세대 · 다가구주택의 공급 형태가 필로티 구조가 많기 때문이다. 단독주택의 필지에 다세대·다가구주택이 들어오면서 오픈스페이스의 부재와 주차 공간을 감당할 공간이 부족해지면서 이를 해결하기 위한 대안으로 필로티형 주택이 선호되었다. 필로티형 주택은 건축물의 저층부를 주차공간으로 확보함으로써 주차부족 문제를 해결하기 위한 주택 유형이다. 건축법에 의하면 필로티형 주택은 주택의 층수 산정에 제외되기 때문에 급속하게 증가하게 되었다(진현조, 2014). 하지만 오히려 주차문제를 해결하려고 선호된 필로티형 주택은 차량이 저층 주거지에 유입되면서 상대적으로 도로가 열악한 해당 지역에 보행 환경을 악화시키는 원인을 제공하였다.

② 소음 문제

공동주택의 주거환경에 있어 소음 문제는 주로 아파트 층간 소음분쟁이다. 이에 정부는 2023년 12월 층간소음 기준인 49데시벨 (dB)을 충족하지 못한 신축 아파트는 보완 공사를 의무화하는 정책을 추진하겠다고 밝혔다. 소음기준에 미달하면 준공 승인을 불허하고 재검사에 통과할 때까지 입주하지 못하도록 하겠다는 고강도 정책이다.

하지만 아파트가 아닌 오피스텔, 빌라, 즉 다세대·다가구주택은 소음 규제 대상에서 제외된다. 사실, 아파트보다 저렴한 자재를 사용해 건축하는 빌라는 소음에 더 취약할 수 있다. 그 이유는 현행법의 소음 규제는 아파트에만 적용되고 있으며, 현행 층간소음 관련 정책인 '주택법'에 따르면 층간소음 관리 대상은 공동주택만 해당하기 때문이다. 더구나 다가구 원룸 등 다중주택은 건축법에서 단독으로 분류되어 이곳에서 발생한 소음은 층간소음으로 현행 법상 인정되지도 않는다.

빌라는 주로 주택들이 서로 붙어 있거나 매우 가깝게 위치하고 있기 때문에 이웃 간의 소음이 잘 전달될 수 있으며, 특히, 천장과 바닥이 단단하지 않은 경우가 많아 위층 또는 아래층의 이동 소음이 크게 들릴 수 있다. 또한, 인접한 주택들 사이에는 벽이나 창문을 통해 외부 소음이나 이웃의 소음이 전달될 수 있다. 어찌 보면 훨씬 더 열악한 환경임에도 법적으로 보호받지 못하고 있다.

3) 서울시 매입 다가구 주택 분포와 주거환경

매입임대주택의 공급은 2001년 서울시가 '공공임대주택 확대 공급계획'의 일환으로 기존 주택을 매입하고 공급하면서 시작되었다. 매입임대주택 정책 시행 초기에는 최저소득계층을 위한 주택의 정량적 공급 이외에도 지역적 특성으로 인해 발생하는 침수 재해를 예방하기 위한 목적도 있었다(정윤혜·오정석, 2022). 하지만 매입 초기에 고려되지 못했던 주택의 하자, 즉 주택의 성능 및 주거환경에 대한 문제가 지속적으로 일어나 다세대·다가구 매입임대 주택의 입주 기피 현상들이 나타나 장기간 공가 상태로 방치되는 경우도 많이 발생하였다.

 이처럼 정부가 매입한 기존 주택의 문제는 수해 주택매입이라는 한계도 있지만, 소규모 영세 업체에 의해 건설된 다세대·다가구주택의 부실시공 문제도 내포하고 있다. 즉, 주택의 하자 관리와 직접적 관련이 있는 주택의 도면, 주택 이력 관리 등 관리상에 꼭 필요한 사항들을 파악하지 못하는 한계가 있다.

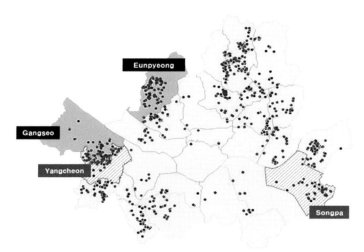

● : Multi-family house purchased by SH Corporation
◆ : Multi-family house more than 20 years purchased by SH Corporation(RC)
◆ : Multi-family house more than 20 years purchased by SH Corporation(Masonry)

[그림 2-8] 서울시가 매입한 다가구주택 분포 현황

출처: 정윤혜·오정석, 2022

서울시는 시역구별 약 1천6백 호 이상의 다가구 주택을 매입하여 임대주택으로 공급하고 있으며 그중 20%는 20년 이상 경과된 다가구 주택이다(정윤혜·오정석, 2022). 그중 20년 이상 경과된 노후화된 매입임대주택은 은평구가 18.8%, 강서구가 17.2%, 송파구 12%, 양천구 11% 순으로 분포되었다. 특히, 은평구와 강서구는 지진에 취약한 조적조 구조의 매입임대주택 분포 비율이 높은 것으로 나타났다.

물리적 환경이 열악한 매입임대주택은 지역구별 편차가 크게 나타난다. 특히, 은평구와 강서구에 밀집된 다가구 주택은 노후도가 심각하고 20년 이상 경과된 주택이 많다. 서울시 매입 다가구 주택의 물리적 주거환경 실태를 파악해 보면, 주택의 약 74.3%가 안전진단이 필요한 주택으로 구조 노후도가 상당히 진행되어 주택의 보수·보강이 시급하였다. 일반적으로 주택의 물리적 주거환경은 시간이 경과함에 따라 구조물의 견고성, 심미성, 쾌적성이 떨어진다. 특히, 다가구·다세대주택은 아파트와 달리 체계적인 장기수선계획이 미미하고 소규모 주택이기 때문에 수선 주기에 대한 계획과 재원을 마련하는 데 한계가 있다(정윤혜·오정석, 2022).

서울시 매입 다가구 주택의 물리적 주거환경에 영향을 미치는 요인은 주로 '균열' 및 '표면 노후화'가 공통적인 것으로 이것은 주택의 구조안전성에 큰 영향을 미치며 직접적인 안전 위협은 물론

이고 장기적인 건물 가치 저하로 이어질 수 있다.

균열이 발생하면 주택의 기초적인 안정성이 위험에 처할 수 있으며, 이러한 균열은 건물의 안전성에 직접적인 영향을 미치고 장기적으로 수리비용의 증가를 야기한다. 구조적 균열은 해결하기 어렵고 비용이 많이 드는 문제로 이어질 수 있어, 건물의 시장 가치에도 부정적인 영향을 준다. 주택시장에서는 구조적 문제를 지닌 건물을 꺼리며, 이는 주택 가치의 하락으로 직결된다.

또한 표면 노후화는 주택의 외관을 직접적으로 손상시키는 요인인데, 이는 외관의 미적 가치를 저하시키고 주택의 매력도를 떨어뜨린다. 외벽이나 지붕의 노후화는 방수 기능의 저하로 이어져 내부에 물이 침투할 수 있고, 이는 전기 시스템 손상이나 곰팡이 성장과 같은 추가적인 내부 손상을 초래할 수 있다. 이러한 문제들은 주택의 방수 및 보온 기능을 저하시켜 더 많은 유지보수 비용을 발생시킬 수 있으며, 이는 최종적으로 부동산 가치의 저하로 이어진다.

[그림 2-9] 외부 노출계단 콘크리트 보의 균열

[그림 2-10] 표면 노후화

출처: 정윤혜 · 오정석, 2022

따라서 주택의 균열과 표면 노후화는 단순히 외관상의 문제를 넘어서 주택의 실질적인 구조적 안전성과 시장 가치에 중대한 영향을 미친다. 이를 방지하기 위해 주기적인 점검과 적절한 유지보수 등과 같은 하자 관리가 필수적이다.

제3장

저층주거지 공간변형과 주거하자 유형

제1절 저층주거지 공간변형 패턴

1. 저층주거지 공간의 시대적 변화 양상

1) 2009년 이전

일반적으로 불리는 빌라촌 또는 빌라 밀집 지역이라 불리는 저층주거지의 연립주택은 1980년대부터 본격적으로 주택의 유형으로 자리 잡으면서 적극적인 도시민의 주택 대안이 되었다. 이 시기를 중심으로 서울은 도시 및 주거환경의 큰 변화를 겪었으며, 이에 시대별로 빌라 밀집 지역의 공간적 변화를 살펴보고자 한다.

1980년대는 한국의 급속한 경제 성장과 함께 도시화가 가속화된 시기로 대도시와 그 주변 지역에 인구가 집중되면서 주택 수요가 급증했다. 이에 이 시기의 주택 대안으로 연립주택과 빌라가 주목받기 시작했다. 초기의 빌라 밀집지역은 주로 저층으로 구성되어 있었으며, 비교적 단순한 구조와 설계를 가진 주택이 대부분이었다. 이 주택들은 중산층을 위한 주거 공간으로 기능했으며, 도시 내에서 가격 대비 합리적인 주거 옵션을 제공했다.

1990년대에는 빌라 및 연립주택이 더욱 다양화되고 고급화되기 시작했으며, 이 시기에는 도시계획과 건축 기술의 발전으로 빌라 밀집지역 내에서도 향상된 건축물과 주거환경을 볼 수 있었다. 2000년대 들어서면서 도시재생 프로젝트와 함께 빌라 밀집 지역이 주목받기 시작했으며, 이 시기에는 기존 빌라지역의 재개발 및 재정비를 통해 주거의 질적 개선과 주거지역의 공간변화도 진화하기 시작하였다.

2) 2009년 이후

2009년 이후 '도시형생활주택'이 제도권 내에 포함되면서 저층 주거지의 주거환경은 큰 변화를 맞이한다. 도시형생활주택 제도는 도심과 주요 교통 거점 지역에 소규모 가구를 위한 소형 주택을 공급하는 것을 목적으로 하며, 이는 여러 가지 방면에서 저층주거지의 변화를 촉진하였다. 특히, 주거 밀도, 주거 자체의 질적 개선, 도심 인구 유입 촉진, 도시경관 변화 측면에서 다음과 같은 공간적 변화를 가져왔다.

첫째, 주거 밀도의 증가 측면에서 도시형생활주택은 주로 1~2인 가구를 대상으로 하며, 이는 저층주거지에서 주거 밀도를 증가시키는 결과를 낳았다. 전통적으로 저층주거지는 넓은 면적에 비교적 낮은 밀도로 구성되었으나, 도시형생활주택의 건립은 이러한 지역에 더 많은 인구를 수용할 수 있는 기반을 마련했다. 이는 특히 도심지역에서 노후화된 주택을 대체하거나 개선하는 방식으로 진행되었다.

둘째, 주거 자체의 질 개선 측면에서 도시형생활주택 제도는 노후화된 저층주거지에 현대적이고 기능적인 주거 공간을 제공함으로써 주거환경의 질을 개선하는 데 기여했다. 이러한 주택들은 효율적인 공간 활용, 현대적인 설계 및 건축 기술을 바탕으로, 거주민들에게 더 나은 생활환경을 제공하고, 도심 내 주거환경의 다양성을 증진, 주거 선택의 폭을 넓혔다.

셋째, 도심 인구 유입 촉진이라는 측면에서 도시형생활주택은 저렴하고 현대적인 주거 옵션을 제공함으로써, 젊은 세대의 도심 유입을 촉진하고 일부 지역에는 도심지역 활성화에 이바지했다.

넷째, 도시경관 측면에서 도시형생활주택은 주거의 다양한 공급이라는 측면에서 긍정적 측면도 있지만 무분별한 개발과 경관 훼손, 과밀화 문제, 환경부하 등 주거환경의 질을 저하하는 원인이 되었다.

2. 저층주거지 공간변형 사례 검토

1) 국내 사례: 저층에서 고층으로

① 서울

도시형생활주택은 대부분 민간에서 공급하고 있어 사업성이 공급의 중요한 동인이다. 이에 따라 단지형 다세대/연립주택보다 사업성이 높은 원룸형 도시형생활주택에 공급이 편중되어 있으며 대부분 소형평형에 치중되어 있다.

도시형생활주택 중 단지형 다세대/연립주택은 시범사례에서 추구하는 단지 개념을 충실히 반영한 경우는 드물고 주거지역 내 한 동 개발이 대부분이다. 실질적인 단지형 건설이 없으므로 인동간격 등 높이 완화의 실효성이 없으며, 기존 다세대/연립주택보다 완화된 조건으로 인해 열악한 주거환경이 우려된다. 단지형 주택이 적은 이유는 건설에 적정한 규모의 필지 확보가 어렵고 같은 규모의 대지라면 층수 제한 없이 최대한의 세대수를 확보할 수 있는 원룸형 개발을 선호하기 때문이다. 또한 원룸형 개발은 주차장 완화 기준이 적용되고 국민주택기금의 저리 융자지원을 받기가 쉽다.

상업 및 준주거지역 내에서 도시형생활주택은 오피스텔, 상가 등과 결합한 복합개발을 통해 주상복합건물 형태로 공급되고 있다. 업무 및 상업 기능과 복합 개발되는 경우는 대부분 도시형생활주택 건설에 따른 규제 완화를 받기 위한 수단으로 활용되고 있다. 원룸형 도시형생활주택과 오피스텔의 단위 세대는 발코니 확장 등에 따른 계약 관련 면적만 다를 뿐 공급면적 대비 전용면적이 낮아서 실제로는 분양가나 임대료가 높게 책정되어 있다. 원룸형 주상복합 건물은 대부분 고층부가 원룸형으로, 저층부는 업무시설 또는 준주택으로 구성되어 있으며 주로 지하 1층에서 지상 1층까지 상가를 배치하는 형태로 개발된다.

서울시의 자치구별 원룸형 도시형생활주택의 비중은 사업성이 높은 원룸형 위주로 총 인허가 세대수가 많은 자치구들이다.

[그림 3-1] 유형별 인허가 입지 현황

출처: 이재수 · 이동훈, 2012

2012년 기준 동작구, 종로구, 송파구, 영등포구, 서대문구, 마포구가 원룸형 인허가 세대수 비중이 높고, 강북구와 중랑구는 단지형 다세대/연립주택의 인허가가 다른 자치구에 비해 상대적으로 높다. 서울시 도시형생활주택 전체 건물 수의 62%가 역세권 내에 입지하는 것으로 나타났다.

2012년 기준으로 용도지역별로는 제2종 일반주거지역 64%, 제3종 일반주거지역 13%를 포함하여 전체 인허가 건수의 대부분인 78%가 일반주거지역 내에서 이뤄진 것으로 나타나고 있다. 또한 상업/준주거지역 내에 13%가 역세권에 입지하고 있는데, 특히 대부분이 연면적에 비해 많은 세대수를 포함하는 소형평형 위주의 고밀 원룸형으로 개발되었다.

② 부산

해방 이전 일본인이 거주하던 일본식 주택은 대신동, 부평동, 대평동, 초량 등 일본인의 대표적인 주거지에 많이 있었다. 하지만 한국전쟁으로 부산은 중요한 이주 시점을 겪게 된다. 사실상 부산의 주거 밀도 증가는 한국전쟁 이후 급격하게 증가하였다. 한국전쟁으로 많은 피란민이 부산의 도심지역에 밀집 거주하면서 불안정한 주택 형태가 많았다.

피란민들은 조그만 공지라도 보이면 스스로 판잣집을 지었는데, 판잣집은 국제시장을 중심으로 영주동/초량동/수정동/범일동/영도 해안/대평동/보수동을 중심으로 형성되었다. 이 외에도 좌천동, 범일동 일대가 피란민의 주거지로 알려져 있는데 이곳의 주거지들은 산복도로를 끼고 산기슭을 따라 자리한 고지대 주거지로서 광복 이후 귀국한 동포들이 중심이 되어 일찍부터 형성된 곳이기도 하다. 그리고 구덕산 인근에 있는 서구 꽃마을도 한국전쟁 시기 피란민들이 몰려와 집단으로 거주하며 마을을 이루었는데 마을 주민 대부분이 생업으로 꽃 재배를 했기 때문에 꽃마을로 부르게 되었다(유재우 외, 2020).

한국전쟁에 따른 주택부족, 교통문제 등 여러 고질적인 도시문제에 대응하기 위하여 부산은 직할시 승격 이후 도시계획구역을 확장하여 부산역에 밀집되었던 도시 기반 시설을 서면으로 이동하였다. 동시에 기존에 혼재되어 있던 고지대의 불량 주거지에 재개발사업과 부산 부두 지구의 구획정리사업 등을 추진하였다(윤상복 외, 2022).

1960년대 말에는 부산의 부족한 주거공간을 해결할 새로운 해법으로 아파트 건축이 주목받기 시작하였는데, 부산 최초의 주상복합 아파트인 '부산데파트'부터, 영주동의 '영주아파트', 보수동의 '보수아파트', 해운대의 'AID아파트', 수정동 10개소 등 고지대 개발 사업에 따라 고지대에는 아파트가 건설되기 시작하였다. 하지

민, 딩시의 아파트는 대부분이 3~4층 정도의 연립주택 수준이었고, 협소한 주거 면적, 공용화장실, 낮은 교통의 접근성, 서민 주거라는 인식으로 새로운 주거유형인 아파트는 당시 시민들에게 보편적인 주거 형태로는 인기가 없었다.

부산의 저층주거지는 구도심의 일본식 주택이 위치하던 곳에 단독주택 단지로 형성되었는데, 동래구 부곡동과 장전동, 남구 대연동과 수영구 망미동 등이 부산의 대표적인 저층주거지였다. 부산의 저층주거지도 인구 및 가구 구조의 변화로 2009년부터 도시

[그림 3-2] 부산시 행정구역별 빈집 주택유형 현황

출처: 부산광역시 빈집정비계획, 2020

형생활주택이 입지가 좋은 곳에 공급되었다. 부산에서의 입지가 좋은 곳은 평지에 있는 저층주거지가 그에 해당하는 곳으로 언급된 장전동, 대연동 등이 있는 금정구와 남구에 집중적으로 공급되었다. 즉, 1~2인 가구가 집중된 대학가 주변으로 원룸형 도시형생활주택이 집중적으로 공급되었다.

반면 구도심의 저층주거지 중 인구가 감소하고 쇠퇴하여 빈집이 증가하는 현상도 발생하였는데, 주로, 고지대가 이에 해당한다. 빈집은 노후 주거지와 기반 시설이 열악한 구릉지에 형성된 저층주거지에 많이 발생하였다.

2) 국외 사례: 고층에서 저층으로

① 프랑스: 도보를 위주로 한 저층 도시중심지

최근 파리 외곽의 코뮌에서는 1960~1970년대 지어진 노후된 고층 쇼핑센터를 허물고 도보를 위주로 하는 저층 도시중심지 구축계획을 수립하였다. 파리 동쪽 외곽에 있는 센생드니 데파르트망의 보비니(Bobigny)가 대표적인 도시이다.

당초 보비니의 한가운데 자리 잡고 있던 고층 쇼핑센터는 철거되었고, 향후 해당 일대는 넓은 도로와 탁 트인 시야를 갖춘 도보형 중심지로 탈바꿈할 예정이다. 또한 5만 명의 보비니 주민들에게

근거리 상섬, 6개의 상영실을 갖춘 극장, 급수시설, 정원 등이 제공
될 예정이다. 건축설계를 맡은 **Agency TVK**는 아무것도 하지 않는
공간을 만드는 것이 매우 중요하며, 청소년들이 모이고 시간을 보
낼 수 있는 공공 공간, 길가의 벤치와 같은 공간을 제공하는 것이
도심의 역할이라고 하였다. 보비니 시장실 담당관도 지금까지는
쇼핑의 기능만이 있었을 뿐 주민들이 모이는 장소는 존재하지 않
았다고 설명하였다.

[그림 3-3] 프랑스 Bobigny La Palce **건축 드로잉**

출처: http://www.tvk.fr/en/architecture/bobigny

보비니는 제2차 세계대전 이후 인구가 폭발적으로 증가한 파리 외곽도시 중 하나로 1960~1970년대에 대규모 아파트 건설을 시행하였다. 노동자들의 거주지를 만들고자 했지만, 아파트 중심도시는 반세기 동안 환영받지 못하였고 오히려 여러 사회문제가 대두되었다. 지난 20년간 이러한 도시문제를 해결할 방안을 모색한 결과, 자동차가 아닌 도보 위주의 도심을 도시의 각 부분과 통하도록 연계하자는 대안이 제시되었다. 이를 위해 두 개의 건물이 철거되었고 주민을 위한 진정한 도심이 만들어질 것으로 기대되고 있다.

프랑스의 다른 도시 에브리쿠르쿠론(Evry-Courcouronnes)에서도 보비니와 같은 차원의 재생이 추진되고 있다. 에브리쿠르쿠론은 에브리(Evry)와 쿠르쿠론(Courcouronnes)의 두 개 코뮌이 2019년 연합한 도시다. 에브리는 과거 자동차 생활을 중시하던 경향을 반영하여 도심의 절반 이상을 대형쇼핑몰과 아파트형 주거지로 구성하여 1960년대에 건설한 도시이다. 에브리의 도심에는 주말에 집중되는 인구를 수용할 수 있는 쇼핑센터를 갖추기는 하였으나, 시민들을 위한 진정한 공간이 없었다. 에브리쿠르쿠론도 하나의 고층 건물을 철거하고 저층형 도심을 조성할 예정이다. 상인, 시민의 반응은 긍정적인데 이는 대형 쇼핑센터가 시민들의 교류를 활발히 하는 데 큰 역할을 하지 못한 것을 확인하였기 때문이다.

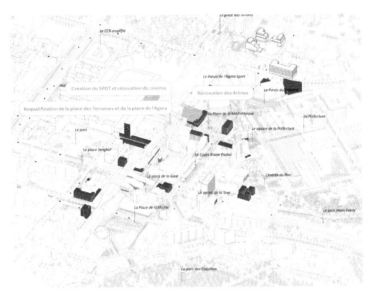

[그림 3-4] 프랑스 Évry-Courcouronnes 도심 안내도 by Atelier Xavier Lauzeral

출처: http://www.tvk.fr/en/architecture/bobigny

② 영국: 고층 아파트의 철거

영국 스코틀랜드 글래스고(Glasgow)시 북동부의 Balornock과 Barmulloch 지역 사이의 레드 로드 플랫츠(Red Road Flats)는 20세기 중반의 고층 주택 단지의 대표 격이다. 이 부지는 원래 강철 프레임 구조의 8개 다층 블록으로 6개 동은 30층, 두 개 동은 25층으로 구성되었다. 1960년대 글래스고의 고층 주택 개발 중 잘 알려진 건물 중 하나로 이 건물은 오랜 기간 동안 쇠퇴한 후 2008년 7월에 공식적으로 폐쇄되었으며, 2010년부터 2015년까지 3단계에 걸쳐 단계적으로 철거가 이루어졌다.

　50여 년 전 글래스고는 유럽에서 가장 희망적이고 야심 찬 도시 중 하나였다. 사람들은 20층짜리 집에서 잠을 자고, 고층에서 바깥 경치를 경이롭게 바라보았다. 그런데 2015년을 마지막으로 모두 철거되었다. 번화한 조선업이 있는 글래스고는 인구 유입의 중심지로 제2차 세계대전 이후 대규모 주택 위기를 겪었는데, 이를 해결하기 위해 글래스고 주택협회는 해결책으로 당시 프랑스에 유행

[그림 3-5] 글래스고 Red Road Flats 철거

출처: https://www.etsy.com/uk/listing/529230327/glasgow-red-road-flats-demolition

하던 고층 건물 주택단지를 도입하여 최대 5,000명까지 수용할 수 있는 타워 블록을 건설하였다. 초기 아파트 거주자들은 주거환경에 굉장히 만족하였는데 그 이유는 그 이전에 도시 근처나 다른 곳에서 훨씬 열악한 주택에 살았기 때문이었다.

그러나 1970년대 각종 범죄, 기물 파손, 화재 등으로 많은 임차인에게 기피 대상이 되었고 1980년대에는 고작 20여 년 된 건물이 쇠퇴하기 시작하였다. 특히나 거주자 대부분이 서로 잘 모르는 관계로 오래된 주택에서 쫓겨나거나 모르는 사람들 옆에 살게 되면서 공동체 의식 자체가 없었다. 이 고층 건물은 모든 면에서 반사회적이었고, 사람들의 신체 건강과 정신건강을 훼손했으며, 빠른 정책추진에 따른 대표적 주택개발 정책의 오류로 여겨지고 있다.

[그림 3-6] 글래스고 Red Road Flats 철거 이후의 모습

자료: 구글어스, 2024.0418

제2절 저층주거지 특성을 고려한 주거하자 평가

1. 저층주거지의 공간변형 문제와 이슈

1) 양화가 악화를 구축했나?

2009년 정부는 경제위기 상황에서 도심 내 소형 및 임대주택 공급을 촉진하여 서민과 1~2인 가구의 주거 안정에 기여하고 사업자에 대한 부담을 경감하기 위하여 도시형생활주택 제도를 도입하였다. 도시형생활주택 제도는 신축뿐 아니라 유휴 시설의 개조와 도심 내 소규모 자투리땅의 활용 등으로 소규모 자본이 주택시장에 유입됨으로써 도심의 주택경기가 활성화되고 관련 산업의 고용도 촉진하는 등 경제에 활력을 불어넣기 위함이었다.

주거권의 안정적 확보라는 측면에서 기본적인 안전성과 쾌적성이 확보되면서 저렴한 비용으로 거주가 가능한 도시형생활주택이 공급됨으로써 도심 내 무주택 서민의 주거공간이 대폭 확대되어 주거 안전망으로 작동할 수 있게 하기 위함이었다. 또한 장기적으로는 노인가구가 공동식사나 휴식 등 편리한 공동생활을 누릴 수 있는 고령사회에 대비한 주거유형으로도 발전하고, 1인 가구의 수요도 흡수하는 새로운 사업유형으로 개발되었다.

저층주거지 유형 중 기타에 해당하는 도시형생활주택은 1~2인

가구의 증가에 대응하기 위해 수요가 있는 곳에 필요한 사람에게 소규모 주택공급이 이루어질 수 있도록 정부는 도시형생활주택 제도를 도입하게 되었고, 2009년 02월 03일 「주택법」을 개정하고 같은 해 04월 21일 「주택법 시행령」 및 「주택건설 기준 등에 관한 규정」을 개정하여 2009년 05월 04일부터 시행하였다.

도시형생활주택은 다음 네 가지 측면에서 일반 공동주택에 비해 사업자에게 유리한 점에 있다.

첫째, 인허가와 분양절차의 완화이다. 도시형생활주택은 일반 공동주택과 같이 건축법상 건축물의 용도로는 모두 공동주택에 해당하므로 주택건설사업계획승인을 받아 건설하여야 한다. 그러나 도시형생활주택은 일반 공동주택에 비해 인허가 기준을 완화하고 공급 절차를 단순화하여 공급 활성화의 기반을 마련하였다. 일반 공동주택은 주택법 감리가 적용되어 사업계획승인권자가 감리자 모집공고, 적격심사, 세부 평가 등을 거쳐 감리업체를 지정하게 되므로 감리업체 지정까지 소요 기간이 1~3개월에 이른다. 그러나 도시형생활주택은 부실 공사 방지를 위해 감리는 시행하되, 건축법상 감리를 따라 감리계약을 맺으면 되므로 감리업체 지정에 소요되는 기간과 비용이 절감된다. 일반 공동주택은 분양가상한제 적용을 받아 20세대 이상의 공동주택을 분양하여 공급하는 경우에는 분양가 심사위원회에서 분양가 사전심의를 의무적으로 받아

야 한다. 도시형생활주택은 분양가 상한제 적용 대상에서 제외하여 사업성이 제고될 수 있게 되어 있다. 또한 일반 공동주택은 20세대 이상이면 주택공급에 관한 규칙에 따라 청약, 입주자모집, 분양 홍보, 분양 등을 거쳐 공급된다. 이와 달리 도시형생활주택은 신속하게 공급될 수 있도록 일부 분양 절차를 완화하여 입주자 저축, 주택청약 자격, 재당첨 제한 등 규정은 적용되지 않는다. 다만 입주자 보호를 위하여 사기 분양과 주택건설사업자의 부도 등에 대비하여 분양보증은 적용토록 하였고, 입주자 공개모집 등의 규정도 적용토록 하였다.

둘째, 소음보호, 배치, 주차장 등 건설 기준의 완화이다. 도시형생활주택은 주택건설 기준 등에 관한 규정의 소음보호, 배치, 기준 척도 규정이 적용되지 않는다. 다만, 주거환경과 안전 등을 고려하여 경계벽, 층간소음, 승강기, 복도 등 기타 규정은 일반 공동주택과 동일하게 적용된다. 또한 필요성이 낮은 부대시설과 복리시설은 의무설치 대상에서 제외하여 도시형생활주택에는 관리사무소와 조경시설, 비상 급수시설, 어린이 놀이터, 경로당 등은 설치하지 않아도 된다. 도시형생활주택의 가장 큰 특징은 원룸형에 대해서 주차장 설치 기준을 완화한 것이다. 일반 공동주택은 세대당 1대 이상의 주차장을 확보하여야 하나, 원룸형 주택은 세대당 0.2~0.5대 범위에서 지방자치단체 조례로 정하도록 하고 있다. 직주근접

경향이 강한 역세권, 학교 주변지역, 학원 밀집지역, 산업단지 주변지역, 공장 밀집지역 등 대중교통의 이용이 쉽거나 접근성이 양호하여 주차 수요가 낮은 지역 중 지자체에서 '주차장 완화구역'으로 지정·고시하는 지역에서는 원룸형 주택에 연면적 200m^2당 1대의 주차장 기준을 적용하도록 하여 근린생활시설 수준으로 완화하였다.

셋째, 하나의 단지 내에서 혼합건설이 가능하다. 도시형생활주택은 일반 공동주택과 하나의 건축물 내에서 복합건설은 할 수 없으나, 하나의 단지 내에서는 도시형생활주택과 일반 공동주택을 별개의 건축물로 건설할 수 있고, 도시형생활주택 중 단지형 다세대주택, 원룸형 주택을 동일한 단지에 별개의 건축물로 건설하는 것도 가능하다. 하지만 입주민의 주거환경을 보호하고 주민 간 분쟁을 최소화하기 위하여 도시형생활주택은 일반 공동주택과 하나의 건축물 내에서 복합 건설할 수 없고, 도시형생활주택 중 단지형 다세대주택, 원룸형 주택도 하나의 건축물에 함께 건설할 수 없다. 또한 주거지역뿐 아니라 상업지역 또는 준주거지역 내에서도 주상복합 형태의 도시형생활주택을 건설할 수 있도록 하였다. 단, 상업지역과 준주거지역에서는 원룸형과 기숙사형 주택만 주상복합 형태로 건설할 수 있고 단지형 다세대주택은 해당 지역에서는 주상복합 형태로 건설할 수 없다.

넷째, 층수 제한 및 건축물 높이의 완화이다. 도시형생활주택의 공급 활성화를 위한「국토의 계획 및 이용에 관한 법률 시행령」을 개정하여 단지형 다세대주택의 제1종 일반주거지역 내 층수 제한을 완화하여 종전 4층에서 5층까지 가능하도록 완화하고 해당 단지형 다세대주택의 1층 바닥면적의 1/2 이상을 필로티 구조로 하여 주차장으로 사용하고 나머지 부분을 주택 외의 용도로 사용하는 경우에는 해당 층을 층수에서 제외하도록 하였다. 따라서 단지형 다세대주택의 1층을 필로티 구조로 하여 주차장으로 사용할 때는 제1종 일반주거지역에 최대 6층까지 건설할 수 있다.

또한 건축물의 높이를 도로 폭의 1.5배 이내로 제한하는 규정과 일조 확보를 위한 건축물의 높이 제한 등의 규정을 건축위원회의 심의를 거쳐 완화할 수 있도록 하고, 동 간 이격거리도 건축물 높이의 1배 이상인 것을 도시형생활주택은 0.25배, 일반 건축물은 0.5배 이상으로 완화할 수 있도록 하였다.

2) 노후된 저층주거지의 변화 양상

서울 및 부산 등 대도시에서의 노후 저층주거지라고 하면 이제는 단독주택가가 아닌 다가구·다세대주택이 밀집된 동네를 말한다.

도시 계획상 서울시 주거지역의 64%를 차지하는 제1종 혹은 제

2종 일반주거지역은 녹지지역을 제외한 도시면적의 56%에 해당한다(용도지역현황 통계기준, 2017). 또한 노후 저층주거지는 암묵적으로 공공연하게 정비사업의 대상으로 주택공급을 위한 개발 가능 토지로 간주되었다.

저층주거지에서 흔히 볼 수 있는 다가구·다세대주택은 1990년대 서민들의 주택 부족 해소의 일등공신이었다. 당시 정부는 반지하, 하숙집같이 주거약자들이 찾아 들어간 공간을 양성화하고, 건축규제를 완화하는 방식으로 주택 부족 문제에 대응했다. 1990년대 도입된 다가구주택은 단독주택의 일부를 불법 임대하는 관행을 양성화한 것으로 정부가 서울시에 할당한 40만 호 공급 목표를 초과 달성하는 데 크게 기여하였다. 외환위기의 여파에서 벗어나기 시작한 2000년대 초 서울 주택공급의 특징은 다세대주택 인허가의 유례없는 급증이었다. 저층주거지에서의 주택공급이 실거주 기반의 다가구 주택 소유자 중심에서 분양을 목적으로 하는 다세대주택 개발사업자 중심으로 전환된 것이다. 건축 연도별 서울의 다가구·다세대주택 평균 대지면적은 1990년대 이후 커지고 있는데 이는 기존 대지면적의 규모가 큰 곳을 위주로 개발되었거나 합필을 전제로 개발이 일어났다는 것을 의미한다.

1~2인 가구 증가 추세와 뉴타운 사업으로 인한 저가 주택 멸실에 대응하기 위해 2009년 2월 「주택법 시행령」 개정으로 도입된

도시형생활주택은 저층주거지의 개발 양상에 또 다른 변화를 가져왔다. 300세대 미만의 단지형 다세대주택이나 단지형 연립주택으로 건설할 수 있도록 함으로써 필지 단위 주택개발 또는 재개발 외에 저층주거지에 적용할 수 있는 중층고밀 주택단지 개발이 가능해진 것이다. 문제는 최소 주거 면적 수준의 초소형 주택공급, 주차대수 확보기준 완화, 주택건설기준 중 소음·배치·기준척도 적용 제외, 인동간격 완화, 부대복리시설 설치의무 축소, 「주택법」보다 간소한 「건축법」에 의한 감리 등 주거환경의 질을 낮추는 규제 완화를 통해 공급 활성화를 도모했다는 점에 있다. 즉, 저가의 소형 주택 신축은 늘었지만 저층주거지의 장기적인 정주 환경은 나아지지 않는 모순이 일어난 것이다(김지은, 2021).

저층주거지의 역사는 주택공급 활성화를 위해 정주 공간의 질을 희생시켜 온 규제 완화의 역사를 안고 시작되었다. 노후된 저층주거지 재생의 핵심은 주민들이 만족할 만한 노후주택의 개선이지만 노후주택 개선의 목표가 임대사업이라는 또 다른 목적에 있다는 것과 도시재생이라는 사업 자체가 이에 부응할 수 있는 사업 수단을 갖지 못했다는 것이다. 노후 저층주택의 소규모 정비를 위해 제정된 소규모 주택정비법은 공공이 사업의 전 과정을 지원하고 공공성 확보에 따른 인센티브 규정을 마련하는 등 새로운 접근을 제도화한 것이다(김지은, 2021; 국토연구원, 2021). 하지만 소규모 주택정비시업은 개별주택이나 소규모 지역의 주거환경을 개선하고자 하는 사업으로 노후된 저층주거지의 인프라 개선에는 한계가 있다.

노후된 저층주거지가 열악한 주거환경이 되어버린 중요한 논쟁점은 민간과 공공의 동력이 교차되면서 정비 수단이 적용되어 왔다는 점이다(이영은, 2021). 즉, 점유자의 권리와 기반 시설 정비 주체 사이에서 방향성이 모호해져 특정 필지의 민간개발만 점적으로 이루어져 근린 단위의 계획적 관리가 불가능해졌다는 점이다.

모아타운은 서울시에서 발표한 노후 저층주거지 정비 방식 중 하나로, 그동안 저층주거지에서 개별 건축물 단위 혹은 가로구역 단위로 개선이 이루어져 부족했던 주차창이나 공원과 같은 정비기반시설 및 공동이용시설의 확보를 위해 도입한 것이다. 그동안 진행되었던 개발 방식인 필지 및 가구단위의 개별 주택정비를 지역 단위 정비개념으로 확장한 것으로 면적이 10만㎡ 미만, 전체 노후도 50% 이상인 지역을 하나의 관리 단위로 묶어 중장기적으로 관리 방향 및 목표를 설정하여 관리계획을 수립하고 계획적이고 효율적인 추진을 유도하고자 한 것이다. 이에 서울시는 모아타운 활성화를 위해 심의기준을 개선하였는데, 주민제안 요건, 품질향상 및 공공성 확보, 가로주택정비사업 층수 기준 개선(2종 일반주거 지역 내 가로주택정비사업의 층수 기준을 기존 7층 이하에서 임대주택 건립 시 13~15층까지 완화), 건축규제 완화 등을 세부 기준으로 신설 및 개선하였다.

즉, 모아타운 사업을 위해 주민이 직접 사업을 자치구에 제안할 수
도 있고, 최소 부지면적과 주차장 확보, 가로대응형 배치계획, 가로
활성화, 보행편의성 등 모아타운의 구체적인 가이드라인을 신설하
였다.

2. 저층주거지 특성을 고려한 주거하자 평가지표

2021년 인구주택총조사에 따르면 우리나라 전체 공동주택의
비율은 78.3%로 그중 아파트가 차지하는 비율은 63.5%로 이에 정
부는 공동주택의 하자관리를 위해 「공동주택관리법」에 근거 2009
년부터 K-apt 공동주택관리시스템을 활용하여 효율적인 하자관리
를 지원하고 있다. 하지만, 아파트 이외 주택인 소위 '빌라'라고 불
리는 다세대주택과 연립주택, 다가구주택 등은 전체 35% 이상을
차지함에도 주택하자 관리의 사각 지역에 놓여 있다. 주택하자 관
리에 대한 선행연구는 주로 건설 분야에서 건물의 하자특성, 하자
프로세스 개선 등에 관한 연구가 다수 진행되어 왔으며, 주택 분야
에서는 주로 주택의 하자 분쟁과 관련된 이슈 및 정책 등과 관련된
연구가 다수 진행되었다. 또한 연구대상도 공동주택 가운데 주로
아파트 위주였다. 우리나라의 경우 주택하자와 관련된 일련의 연
구들이 수행되었으나 주로 주택의 물리적 하자에 한정해 이에 대

한 하자진단 및 분쟁조성에 초점을 두고 있으며, 하자의 사후관리 차원을 넘어 하자 위험에 대한 평가 및 예측을 통한 사전 예방의 영역으로 확장하지 못하고 있다.

최근 일본 국토교통성은 주택의 하자 판단 범위를 주택의 물리적 하자뿐만 아니라 심리적 하자까지 확장하고 있으며, 서구의 경우는 하자를 판단하고 관리하는 차원을 넘어 하자점검-평가-예측의 범위로 하자 관련 기술의 적용범위를 확장하고 있다(矢島&定行, 2022; Hosamo et al., 2022). 유럽을 비롯해 미국 등 여러 선진국에서는 AI 및 디지털트윈 기술을 활용하여 주택하자 감지 및 예측을 위한 알고리즘, 예측모델링 적용 필요성을 강조하고 있다. 최근 대형 건설사를 중심으로 AI 및 빅데이터를 활용하여 아파트 하자관리를 위한 신기술들이 개발되고 있으며, 사후관리 차원으로 전환하여 선제 대응 관리가 가능한 하자예측 관점으로 무게중심을 이동하고 있다.

우리나라에서 아파트 하자 관리에 대한 기준은 정부의 관련 법률 및 규정에 따라 설정되어 있는데 주요한 법률로 「주택법」과 「건설기술진흥법」이 있으며, 이 법률들은 주택건설에 있어 품질의 보증 기준을 제시하고 있다. 그 주요 내용은 다음과 같다. 첫째, 하자보수 책임기간에 있어 주택법에 따르면 새 아파트의 시공사는 최소 2년 동안 하자보수 책임을 지게 되며, 특정 주요 구조부의 경우에는 최대 10년까지 하자보수 책임이 확장될 수 있다. 해외의 하자

보수 책임에 대한 범위와 기간을 살펴보면 하자의 범위를 객관적
으로 판단할 수 있는 단기간의 경미한 하자와 장기간의 잠재적 결
함으로 인한 구조적 안전이나 시설물의 유지관리에 위해를 미치는
중대한 하자(잠재적 하자)로 구분하여 그 책임 기간을 달리 적용하고
있다(박승국, 2011; 김별, 2022).

[표 3-1] 국가별 하자담보책임 범위와 기간

구분	내용
일본	수급인의 과실 책임과 무과실을 구분하고 있음. 무과실책임인 경우, 하자담보책임기간을 1년 혹은 2년으로 규정하고 있음. 다만, 고의 또는 중대한 과실인 경우, 하자담보책임기간을 5년 혹은 10년으로 정함
미국	(캘리포니아) 합리적인 하자검사에 의해 분명하게 결함이 드러나는 '명백한 하자'와 하자검사에도 발견되지 않은 결함을 갖는 '잠재적 하자'로 구분하여 명백한 하자에 대해서는 4년, 잠재된 하자에 대해서는 10년임
영국	2년 이후의 보증기간에서는 건조수축과 같은 콘크리트 재료 자체의 고유한 특성에 의한 불가피한 하자를 자연적인 손실로 간주하고 있으며, 사용연한에 따른 재료의 노후화 및 성능 저하 등에 대해서는 시공자의 면책을 부여하고 있음

출처: 김별, 2022 도표를 저자 수정

둘째, 하자의 범위와 정의에 있어 하자에는 눈에 보이는 결함뿐
만 아니라 건축기준에 부합하지 않는 내부 구조적 문제도 포함된
다. 이는 배관 문제, 전기 문제, 방수 문제 등을 포함할 수 있으며
법적으로 보장된 최소한의 건축 품질 기준을 충족해야 한다. 국내

주거 건물의 하자에 관한 법 규정은 「민법」, 「집합건물법」, 「주택법」, 「공동주택관리법」, 「건설산업기본법」 등에서 규정하고 있으며 공동주택관리에 관해서는 기본적으로 「공동주택관리법」을 우선 적용하며, 이 외의 사항에 관해서는 「주택법」을 적용한다.

[표 3-2] 공동주택관리법상 하자관련 규정

구분	내용
하자담보책임 (공동주택관리법 제36조)	• 신축건물 사업주체는 분양에 따른 담보책임을 짐 • 증축 · 개축 · 대수선, 리모델링 사업주체는 수급인의 담보책임을 짐 • 담보책임기간은 하자의 중대성, 시설물 내구연한 및 교체 가능성 등을 고려하여 내력구조부별 및 시설공사별로 10년(장수명 주택은 15년)의 범위에서 대통령으로 정함
하자보수 등 (공동주택관리법 제37조)	• 사업주체는 담보책임기간에 하자가 발생한 경우에는 입주자대표회의 등이 청구하면 하자를 보수해야 함 • 하자보수의 절차 및 종료 등에 필요한 사항은 대통령으로 정함 • 사업주체는 담보책임기간에 내력구조부에 중대한 하자가 발생한 경우에는 하자로 인한 손해배상책임 있음 • 지방자치단체는 담보책임기간에 구조안전에 중대한 하자는 안전진단기관에 안전진단의뢰 가능
하자보수보증금의 예치 및 사용 (공동주택관리법 제38조)	• 사업주체는 대통령으로 정하는 바에 따라 하자보수보증금을 예치 • 국가 · 지방자치단체 · 한국토지주택공사 및 지방조사인 사업주체는 하자보수보증금 예치의무 면제 • 입주자대표회의 등은 제1항에 따른 하자보수보증금을 하자 심사 · 분쟁조정위원회의 하자 여부 판정 등에 따른 하자보수비용 등 대통령으로 정하는 용도로만 사용하여야 함. 이를 위반할 시 2천만 원 과태료 • 의무관리 대상 공동주택은 하자보수보증금의 사용 후 30일 이내에 그 사용내역을 지자체에 신고, 위반 시 500만 원 과태료

출처: 김별, 2022 도표를 저자 수정

공동주택관리령에서 규정하는 하자의 책임 범위는 「공사상의 잘못으로 인한 균열, 처짐, 비틀림, 침하, 파손, 붕괴, 누수, 누출, 작동 또는 기능 불량 및 결선 불량, 고사 및 입상 불량 등으로 건축물 또는 시설물의 기능상/미관상/안전상 지장으로 초래할 정도의 하자」로 규정하고 있다.

셋째, 하자신고 및 처리 절차에 대해서 하자 발견 시, 주민은 하자보수 책임 기간 내에 시공사나 관리 주체에 신고해야 한다. 신고 후 시공사는 일정 기간 내에 하자를 조사하고 수리해야 한다. 넷째, 중재 및 분쟁에 대해서는 하자보수와 관련하여 분쟁이 발생할 경우 우리나라에서는 주택분쟁조정위원회와 같은 기관을 통해 중재 및 조정을 요청할 수 있다. 따라서 이러한 기준들은 아파트 건설 및 관리의 질을 보장하고 소비자의 권익을 보호하기 위해 마련된 것으로 아파트를 구매하거나 거주할 때, 이러한 법적 보호를 잘 이해하고 있으면 하자 문제를 효과적으로 관리할 수 있다.

특히, 우리나라에서는 공동주택의 입주자 권리 보호 및 품질 제고, 사용검사 전/후 하자의 통합관리를 위해 '하자관리정보시스템 (www.adc.go.kr)'을 운영하고 있다. 하자관리정보시스템의 사용 목적이 하자 심사 및 분쟁조정 사건을 처리하는 데 목적이 있어 행정적인 업무가 부수적으로 필요하다는 단점도 존재하기는 한다. 이에 비해 K-apt 공동주택관리정보시스템은 의무관리 대상 공동주택관리의 제반 정보를 공개하고 전자입찰을 운영하는 시스템으로 의무 관리 대상에 해당되는 아파트의 단지정보, 관리정보, 입찰정보, 유지관리이력 및 하자담보, 회계감사결과, 에너지사용정보 등에 대한 제반 관리 사항을 언제든 확인할 수 있어 공동주택 관리의 투명성 제고 및 건전한 관리문화 정착 도모에 기여하고 있다.

우리나라에서 아파트 하자에 대한 책임은 기본적으로 시공자에게 있는데 이는 아파트 인수 후 최소 2년간 유지된다. 이 기간에 하자를 발견하게 되면 시공사는 무상으로 수리할 의무가 있다. 특히 구조적인 주요 부분에 하자가 있는 경우 이 책임 기간은 최대 10년까지 연상될 수 있다. 아파트 관리 기준은 구매자를 보호하고 건축 품질을 유지하기 위해 다양한 법적 장치를 포함하고 있다.

이에 비해 다세대 · 다가구주택 관리 시스템은 전혀 부재한 상황으로 향후 개발되어야 할 시스템의 주택관리를 위한 정보는 주택의 물리적 정보, 소유권 정보, 하자유형에 따른 분류 정보 등이 포함되어야 할 것이다.

다세대 · 다가구주택 관리를 위한 정보는 크게 주택정보 DB와 주택의 하자정보, 소유자 정보와 관련된 DB로 구분된다. 주택정보 DB의 구성요소에는 크게 네 가지 구성요소로 구분되는데 ① 공간 정보, ② 건축물 정보, ③ 주택도면정보, ④ 하자 이미지 정보로 구성된다. 주택정보 DB의 세부적인 정보는 다음 [표 3-3]과 같다.

[표 3–3] 주택정보 DB

구분	항목설명	세부설명
공간 정보	공동주택코드	다세대/다가구 주택코드
	고유번호	각 필지를 서로 구별하기 위하여 필지마다 붙이는 고유번호
	법정동코드	토지가 소재한 행정구역코드(법정동코드) 10자리
	지번	필지에 부여하여 지적공부에 등록한 번호
	공동주택명	공동주택명
	동명	동명
	층명	층명
	호명	호명
	전용면적	전용면적(㎡)
건물물정보	준공 연도	
	건축물 용도	단독주택(단독, 다가구, 다중) 공동주택(연립, 다세대) 근린생활시설
도면정보	2D기반 주택도면	2차원 도면
	3D기반 주택도면	3차원 모면(BIM 기반 도면)
하자관리 정보	하자 이미지	하자 이미지 확인 및 저장
	하자 텍스트	하자 텍스트 확인 및 저장
메타 데이터	데이터기준일	데이터 기준 일자

주택의 소유정보는 공동주택코드, 소유자, 소유유형, 소유권, 소유권 외 권리관계, 데이터 기준일자로 구성되며 세부적인 사항은 다음 [표 3-4]와 같다.

[표 3-4] 소유정보 DB

구분	항목설명	세부설명
소유 정보	공동주택 코드	다세대/다가구 주택코드
	소유자	소유자명
	소유유형	소유자(개인/법인)
	소유권	압류, 가압류, 가처분, 가등기, 경매개시결정
	소유권외 권리관계	전세권, 저당권(근저당권), 지역권, 지상권
메타 데이터	데이터 기준일	데이터 기준일자

주택의 하자 정보는 크게 신축에서 발생하는 하자와 그 외의 하자로 분류할 수 있는데 국토교통부(2007)에서는 공동주택의 하자 유형을 건축공사 부분에서 발생하는 하자, 토목공사에서 발생하는 하자, 기계공사에서 발생하는 하자, 전기공사에서 발생하는 하자, 조경공사에서 발생하는 하자로 5가지 부분에서 분류하고 있다. 국내에서 사용되고 있는 하자 분류체계는 공사의 소공정별 분류방식을 사용하여 하자 유형을 누수, 결로, 미장, 타일, 창호, 도장, 가구, 도배, 룸카펫, 잡공사, UBR(Unit Bath Room), 기타의 12개 기준으로 분류하였다. SH연구원(2010)에서는 전체 하자의 대다수를 차지하고 있는 건축 공종을 세분화하여 하자유형을 분석, 건축 공종의 공사별 하자 내용을 기본으로 다루었다. 건축 공종의 하자 항목 및 유형은 SH공사의 FMIS(시설물관리정보시스템)에 기준을 두어 유형화하였다. 토지주택연구원(2015)에서는 임대주택단지의 생활안전 위

해 요인으로 미끄러짐/넘어짐 사고, 추락사고, 충돌사고, 낙하물/전도/탈락, 교통사고, 화재사고, 범죄사고 등 7개 유형으로 도출하고 단지 내에서 발생하는 주요 하자를 각 장소와 함께 조사하여 결로, 연기감지기 불량, 욕실 위생기구 부속품 노후화, 도배 등으로 분류하였다. 이와 같은 하자 유형 분류는 대체로 비슷한데 무엇보다 '공종별 분류방식'에 초점을 두어 하자유형을 세분화한 것으로 볼 수 있다. 이는 공급자 입장(설계사 · 시공사 등)에서 제시한 데이터를 통해 분류한 것으로 볼 수 있다(박종일 외, 2020).

하지만 실제 해당 주택에 거주하는 거주자 입장에서는 주택의 하자가 공종별 발생하는 이벤트가 아니라 주택에 살면서 주택을 포함하여 주거환경에서 발생하는 심각한 문제로 볼 수 있다. 하자의 범위를 주택 및 주거환경의 범위로 확대하여 보면 물리적 하자와 환경적 하자로 구분할 수 있다. 또한 주거환경에서도 주거 안전 및 주거 안정성 등 심리적 측면도 추가되어야 한다.

따라서 하자와 관련된 분류를 크게 ① 물리적 하자, ② 환경적 하자, ③ 심리적 하자 등 세 부문으로 나눌 수 있다. 첫째, 물리적 하자에는 주택 내부나 외부에서 발생하는 토목, 건축적 결함이나 유지보수 미비로 발생하는 하자로 토목(균열, 기울어짐 등), 건축공사(누수, 내외장재 탈락 및 불량 등) 등에 대한 사항을 포함한다. 둘째, 환경적 하자는 악취, 분진, 일조권, 층간소음, 주변 소음 및 고압전선을 포함한다. 셋째, 심리적 하자에는 전세 사기, 주택 주변의 5대 범죄 사고(살인, 강도, 강간/강제추행, 절도, 폭력 등) 등에 대한 사항을 포함한다.

[표 3-5] 하자 유형

구분	세부 사항	세부위치	내용
물리적 하자	천장	전등/센서류	부착상태, 파손 등
		화재감지기	점등, 소등불량 등
		도배/몰딩	오염, 곰팡이, 시공불량, 파손 등
		환기구/팬	부착상태, 파손, 환기불량 등
	벽면	문/문틀	부착상태, 파손, 오염 등
		(잠금장치)	개폐, 잠금기능 불량 등
		스위치/콘센트	부착상태, 파손, 오염 등 개폐, 잠금기능 불량 등
		설치가구류	부착상태, 파손, 오염 등
		(붙박이장 등)	개폐, 조작불량 등
		창문/창문틀	부착상태, 파손, 오염 등
		(잠금장치)	개폐, 잠금기능 불량 등
		도배	오염, 곰팡이, 시공불량, 파손 등
		월패드/비디오폰	부착상태, 파손, 표시미비 등
		(난방조절기 등)	오작동, 화질불량, 제어불량
		설치가구류	부착상태, 파손, 오염 등
		(주방가구, 수납장)	개폐, 조작불량 등
		조리기기류	부착상태, 파손 등
		(레인지/후드 등)	배기불량, 작동불량 등
		수전/씽크대	부착상태, 파손 등 급수, 누수, 배수구 막힘 등
		양변기	고정상태, 파손, 오염 등 배수, 급수불량, 악취 등
		세면기, 욕조	부착상태, 파손, 오염 등

구분	세부 사항	세부위치	내용
물리적 하자	벽면	수전(세면, 욕조)	급수, 배수, 잠금불량 등
		샤워부스	부착상태, 파손, 오염 등
		(유리문 설치시)	개폐불량 등
		샤워기	부착상태, 파손 등 급수, 분무, 잠금불량 등
		수건, 휴지걸이 등	부착상태, 파손 등
	바닥	마감재(마루 등), 걸레받이	부착상태, 오염, 파손 등
			물고임, 배수불량 등
			미끄러짐, 바닥높이 등
	기타 설비	세대분전반/통신함	부착상태, 파손, 표시미비 등
			차단기 작동불량 등
		난방온수분배기	부착상태, 파손, 표시미비 등 누수, 작동 소음 등
		기계환기장치	부착상태, 파손 등
			작동불량 등
환경적 하자	주택 포함 및 주거환경		악취
			분진
			일조건 침해
			세대 간 소음
			고압전선
심리적 하자	주거안정		전세사기
	주거안전		사건/사고(살인/강도 등 5대 범죄)
			자살사건
			화재사건
			그 외 기타 이웃 간 문제(주거지 빌런)

제4장

저층주거지, 애물단지에서 보물단지로

제1절 저층주거지의 지속 가능한 재정비

저층주거지의 낡은 주택이나 건물들이 직면하는 어려움은 크게 두 가지 측면이다. 첫 번째는 물리적 노후화와 그에 따른 쇠퇴 현상이며, 두 번째는 이를 극복하고 지속 가능하게 장기간 유지할 수 있는 관리의 중요성이다. 노후화된 저층주거지의 문제는 단순히 건물의 오래됨에서 비롯되는 것이 아니라, 이로 인한 구조적 안전성 감소, 에너지 효율의 저하, 그리고 생활 편의성의 문제 등 다양한 측면에서 나타난다. 예를 들면 오랜 시간 동안 유지보수가 제대로 이루어지지 않은 건물들은 누수, 단열 문제, 배관 고장 등의 문제를 일으킬 가능성이 높고, 이는 거주민의 주거환경 질을 심각하게 저하시킬 수 있다.

또한, 저층주거지가 집중되어 있는 지역들은 종종 도시의 경제적, 사회적 변화에 소외되기 쉬운 지역들이다. 이러한 지역에서는 신규 투자가 적고, 공공 서비스의 질도 상대적으로 낮은 경우가 많아서 지역 전체의 쇠퇴를 가속화하는 요인으로 작용할 수 있다.

하지만 모든 오래된 저층주거지가 필연적으로 쇠퇴하는 것은 아니다. 관리가 잘 되는 경우, 이러한 공간들은 '노포'처럼 오랜 시간 동안 지속될 가치가 있는 장소로 재탄생할 수 있다. 예를 들어, 건물의 주기적인 유지보수, 현대적인 생활 요구에 맞는 리모델링, 그리고 커뮤니티와의 지속적인 소통 및 협력을 통해 저층주거지는 새로운 생명을 얻고 지역 커뮤니티 활성화에 기여할 수 있다.

대부분의 유럽과 일본 등 해외 사례에서는 이러한 저층주거지를 잘 관리하여 단순히 낡고 쇠퇴한 공간이 아닌, 역사와 전통이 살아 숨 쉬는 살아 있는 커뮤니티로 재창조하는 시도를 하고 있다. 하지만 이러한 재창조의 문제는 저층주거지의 상업 공간화, 관광 공간화 되어 젠트리피케이션의 문제를 일으킨다는 한계점도 있다.

따라서 저층주거지의 지역사회 커뮤니티를 유지하되 주거환경에 초점을 맞춘 방안이 필요하다. 예를 들면 강북구 빌라관리소의 사례처럼 지자체에서 '공동주택 관리 조례'를 개정하여 빌라나 연립도 관리대상이 될 수 있도록 하고, '공동주택 대상 관리소 설치 등 운영 규정'을 신설하여 관리자에 대해 필요한 지원을 할 수 있다는 내용도 포함하고 있다. 강북구의 경우 시범지역 선정에 있어 주택밀집도, 가구 수, 건물 노후도 등을 파악하여 재개발이 쉽지 않은 상황 등을 종합적으로 고려하여 선정하였다. 또한 해당 선정 지역에 담당 매니저(55세 이상) 3명을 정하고, 이들의 인건비와 사무소 설치비용 등 총 7,800만 원을 공동주택 지원 및 노인일자리 예산을 투입하여 집행하였다. 매니저들은 평일 2교대, 주말 1인 전담으로 근무하여 68여 개 단지 694세대를 담당하는데, 1일 4회 빌라 주변과 이면도로, 골목길을 청소하며 단지별 재활용 분리수거함과 쓰레기 무단투기 장소를 집중적으로 관리한다. 또한 분리수거함이 설치되지 않은 단지는 폐기물 배출 장소를 직접 관리하고 잔재 쓰레기를 청소한다. 이 외에도 공원 등의 꽁초와 쓰레기를 청소하고 공용시설물의 상태를 점검 처리하며 주민들의 생활안전을 위해 순찰도 진행한다(단비뉴스, 2023.09.20. 김창용 기자). 강북구는 고도제한으로 서울에서도 대표적인 저층주거지이다. 이러한 시범사업에 대한 주민들의 만족도가 높아 강북구 전동 확대를 목표로 하고 있다.

이러한 소프트웨어적 접근을 통해 저층주거지 거주민들의 삶의 질을 향상시킴으로써 빌라 밀집지역의 노후화된 애물단지 저층주거지를 살기 좋은 보물단지 저층주거지로 변화하는 데 중요한 역할을 하고 있다.

제2절 스마트시티 기술과 주택하자 관리

스마트시티 기술은 도시운영과 관리의 효율성을 극대화하고, 주민의 삶의 질을 향상시키기 위해 다양한 첨단 정보통신기술을 통합하여 활용하는 것을 말한다. 이 기술들은 주택하자 관리에서도 중요한 역할을 하며, SaaS(Software as a Service), BIM(Building Information Modeling), GIS(Geographic Information Systems), 컴퓨터 비전(Computer Vision) 등 다양한 형태로 적용되고 있다.

SaaS는 클라우드 기반 소프트웨어 서비스를 제공하는 형태로, 스마트시티에서는 주택하자 관리 시스템이 이 모델을 통해 제공될 수 있다. 예를 들어, 클라우드 기반의 주택관리 시스템은 건물 관리자가 언제 어디서나 접근할 수 있으며, 실시간으로 하자 정보를 업데이트하고, 수리 요청을 처리할 수 있다. 이러한 시스템은 사용자가 필요에 따라 스케일을 조정할 수 있으며, 최신의 보안과 기능 업데이트가 지속적으로 제공된다. 최근에 빌라와 같이 비아파트 관리 자동화 솔루션인 '관리비책'이 대표적인 예이다. 이들의 솔루션은 관리비를 계산한 뒤 이를 거주자들에게 고지하고 수납하는 과정을 모두 자동화한 것이다. 특히, 빌라 관리비를 카드로도 결제할 수 있게 한 것이 장점이다. 또한 건물의 하자를 위탁 관리하는 서비스도 제공하고 있는데 빌라에 하자를 발견하면 이를 해당 서비스에 위탁하면 되고 해당 서비스는 관리 업체에 연결 플랫폼 역할을 하는 구조이다. 즉 경쟁 입찰과 유사하게 앱 내에 있는 비딩 시스템에 등록하여 지원업체 중 한 곳을 선정하는 방식이다.

BIM은 건축물의 물리적 및 기능적 특성을 디지털 모델로 표현하는 기술이다. 스마트시티에서 BIM은 건물의 설계, 건설, 운영 및 유지관리를 통합적으로 관리하는 데 사용된다. 예를 들어, BIM을 통해 구축된 건물 모델은 건물의 수명 주기 동안 발생할 수 있는 다양한 하자를 예측하고, 이를 사전에 방지하기 위한 조치를 계획할 수 있다. 또한, 실시간 데이터 피드와 통합되어 하자 발생 시 즉각적인 대응이 가능하다. BIM 기술의 활용은 주택 건설 산업 혁신의 핵심적인 역할을 하고 있는데, 건축가와 엔지니어들은 설계 초기 단계부터 BIM 모델을 통해 복잡한 친환경 설계 요소들을 정확하게 반영하여 BIM 적용을 제대로 구현할 수 있다. 또한, BIM은 모든 설계 결정이 실제 구현 단계에서도 정확하게 이행될 수 있도록 돕는데 시공 단계에서도 BIM 모델을 활용하여 필요한 재료의 양을 정확히 계산하고, 작업 일정을 체계적으로 관리할 수 있다. 이로 인해 자원의 낭비가 줄어들고, 공사기간 동안 발생할 수 있는 오류를 최소화할 수 있다.

GIS는 지리적 데이터를 수집, 저장, 분석 및 시각화하는 기술로, 스마트시티에서 주택하자 관리에 광범위하게 활용된다. GIS

를 통해 특정 지역의 건축물 정보와 하자 발생 이력, 그리고 지리적 특성을 종합적으로 분석할 수 있으며 이 정보를 활용하여, 하자가 잦은 지역을 식별하고, 그 원인을 파악하여 효율적인 유지보수 계획을 수립할 수 있다. 일례로 미국 필라델피아의 Licenses and Inspections(L&I)는 주택하자정보 관리에 GIS 기술을 적용하고 있다. L&I는 도시 내 건축물의 안전과 규정 준수를 담당하는 기관으로, GIS를 활용하여 건축물 관련 데이터를 체계적으로 관리하고 있는데 관련 데이터를 시각화하고 분석함으로써 문제가 집중되어 있는 지역을 쉽게 식별하고, 필요한 조치를 우선으로 계획하고 있다. 이러한 시각화 및 분석 기능을 통해, 필라델피아의 L&I는 건축물의 하자나 위반 사항에 대해 신속하게 대응할 수 있었으며 실시간으로 데이터가 업데이트되면서 시간적, 경제적 손실을 최소화하고 건축물의 안전과 주민의 건강을 보호하는 데 기여하고 있다.

컴퓨터 비전은 이미지나 비디오를 분석하여 이를 통해 정보를 추출하는 기술로 스마트시티에서는 이 기술을 사용하여 CCTV나 드론 영상을 분석함으로써 건물의 하자를 자동으로 감지할 수 있다. 컴퓨터 비전 시스템은 균열, 누수 등의 하자를 식별하고, 위치와 크기를 정확하게 파악하여 관리자에게 알림을 제공하며, 이를 통해 빠른 대응과 정확한 유지보수가 가능해지며, 주택하자의 조기 발견 및 예방에 크게 기여할 수 있도록 한다.

이러한 기술들은 각각의 방식으로 주택하자 관리의 효율성을 크게 향상시키며, 스마트시티 내에서 주거환경의 질을 개선하는 데 중요한 역할을 한다. 이처럼 디지털 도구와 첨단 기술의 통합적인 접근이 스마트시티의 핵심적인 기술이며 이러한 기술들은 주택하자 관리 부분에 있어 지속 가능하고, 안전하며, 효율적으로 운영될 수 있는 기반을 마련해 준다.

□ **참고문헌**

강현도, 정승진, 장윤정. 2022. 「관광중심형 도시재생 관광지 방문객과 거주
　　민의 물리적 환경평가 비교: 부산 감천문화마을 대상으로」. 『관광연구저
　　널』, 36(2), 125-138.
고현우, 아파트관리신문. 2024.04.01.
공동주택연구회. 1999. 『한국 공동주택계획의 역사』. 대한주택공사 주택연구소.
국토교통부. 2010. 「정책해설_주택법 시행령 개정안의 주요 내용, 도시형생
　　활주택」.
김별. 2022. 「공동주택 하자 지동 분류 및 특성 분석을 위한 HCLA 하자 관
　　리모델」. 한양대학교 일반대학원 박사학위논문.
김수진, 김지은, 박신영, 이영은, 이원호, 조성찬. 2021. 「주거취약지역의 변화
　　양상과 도시 정책적 함의에 대한 전문가 좌담회」. 『국토』, 54-63.
김지은. 2021. 「주거취약지역의 변화 양상과 도시 정책적 함의」. 『국토』. 국토
　　연구원.
김창용, 단비뉴스. 2023.09.20.
맹다미, 장남종, 백세나. 2016. 『서울시 저층주거지 실태와 개선 방향』. 서울
　　연구원.
박승국. 2011. 「건설공사 하자보수책임의 범위 및 면책 사항에 관한 개선 방
　　안」. 『건설정책리뷰』.
박인애. 2005. 「서울시 다세대주택의 성장과 주거지 변화 특성」. 한국교원대
　　학교 석사학위논문.
박종일, 김동준, 이정훈. 2020. 「국내 주거 건축물 부위별 하자 유형 분류 및
　　원인분석에 관한 연구」. 『한국생활환경학회지』, 27(2), 149-160.

배웅규, 김지엽, 정종대, 김소라. 2011. 「저층주거지 특성에 따른 관리 방향 및 검토 과제 도출 연구」. 『한국도시설계학회지 도시설계』, 12(3), 137-152.

『서울시 모아타운 관리계획 수립 지침』. 2022.

성진욱, 김기중, 권윤지, 오정석, 이창효, 이훈, 장성만, 장윤정, 정지영. 2022. 「공공임대주택, 누가 어떻게 살고 있나_정책효과를 중심으로」. SH도시연구원.

손병남, 김준경, 조용훈. 2005. 「서울 강남의 다세대·다가구주택 배치 특성에 관한 연구-1983년 이후 허가된 논현동 158, 149, 역삼동 657번지의 주택을 중심으로」. 『대한건축학회 논문집-계획계』, 21(7), 29-38.

오정석. 2010. 「서울시 저층주거지역의 주거환경에 따른 주거만족도 연구」. 『지적과 국토정보』, 40(2), 123-140.

유재우, 김준, 송혜영, 홍지완. 2020. 「피란수도 부산의 주거환경」. 부산학연구센터.

유해연. 2011. 「저층주거지 재생을 위한 개선 방향 연구」. 『대한건축학회 논문집-계획계』, 27(9), 113-120.

윤상복, 이현경, 김명인, 최재성, 오유진, 정채영, 김민규. 2022. 「산업화 시대의 부산의 주거문화」. 부산학연구센터.

이영은. 2021. 「주거취약지역의 변화 양상과 도시 정책적 함의」. 『국토』. 국토연구원.

이재수, 이동훈. 2012. 『서울시 도시형생활주택 실태분석과 정책대안 연구』. 서울연구원.

장윤정, 고승욱. 2021. 「주거만족과 물리적 주거환경 간 불일치 결정요인: 서울시 20-40대 아파트 거주자를 중심으로」. 『국토계획』, 56(6), 53-72.

장혁준, 한국아파트신문. 2022.05.31.

정윤혜, 오정석. 2022. 「서울시 매입임대주택의 물리적 주거환경 평가 연구」. 『부동산산업연구』, 5(2), 23-44.

진현주. 2014. 「저층주거지 주차공간의 효율적 이용 방안 연구」. 서울대학교 대학원 박사학위논문.

차학봉, 조선일보. 2023.04.09.

2019년 용도지역 현황 통계 기준.

Hosamo, H., Nielsen, H. K., Alnmr, A., & Svennevig, P. R. 2022. A review of the Digital Twin technology for fault detection in buildings.

矢島猶雅, & 定行泰甫. 2022. 住宅の心理的瑕疵に関する投稿情報の実態把握 事故物件公示サイト「大島てる」の活用. 日本建築学会技術報告集, 28(69), 976-981.

왜 빌라는 애물단지 주거지가 되었나?

초판인쇄 2024년 08월 30일
초판발행 2024년 08월 30일

지은이 장윤정
펴낸이 채종준
펴낸곳 한국학술정보(주)
주 소 경기도 파주시 회동길 230(문발동)
전 화 031-908-3181(대표)
팩 스 031-908-3189
홈페이지 http://ebook.kstudy.com
E-mail 출판사업부 publish@kstudy.com
등 록 제일산-115호(2000. 6. 19)

ISBN 979-11-7217-503-0 13090